現役底辺グラドルが暴露する

グラビアアイドルのぶっちゃけ話

吉沢さりぃ

JN161795

彩図社

はじめに

吉沢さりぃ、31歳、独身、職業売れないグラビアアイドル。
芸能活動はテレビ出演が年に数回、たまにある雑誌撮影、DVD撮影、毎月の撮影会ぐらいのもので、8割の生活費をアルバイトで稼ぐ底辺グラドル。

親に「あんたは可愛くないんだから勉強しなさい」と小さな頃から言われ続けながらも、容姿端麗なイトコに激しい嫉妬心を持ち、「いつか必ず人前に出る仕事をしてやる！」と決めていました。

21歳のときに芸能界デビューするものの、所属したのは主にAVを手がける事務所で、ギリギリの着エロアイドルとして2年間活動したが、パッとせず、25歳で名前を変えて正統派グラドル筒井都（演歌歌手みたいな名前で不評でした）として1年間活動するものの、これもパッとせず、引退。その後、29歳のときに吉沢さりぃに名前を戻して3度目のグラドル活動を始めました。

グラドルになりたかったのに着エロアイドルをやっていたこと。

際どい衣装を着るのが嫌で泣いたこと。

ＡＶにスカウトされて心が揺れたこと。

枕営業をさせられそうになったこと。

一生懸命仕事をしたのにギャラをもらえなかったこと。

それでも辛いときにファンの方の応援でやる気ももらえたこと……。

３回の芸能活動でいいことも悪いことも嬉しいことも辛いこともたくさんのことがありました。

もともとゴシップや裏ネタが大好きだったこともあり、「こんな面白いネタがたくさんあるのになぁ～！　どこかで発信したい！」と思っていました。

ただ私クラスのグラドルではテレビにもなかなか出演する機会に恵まれません。そんなときに当時お世話になっていた方にされたアドバイスが「君のその特殊な経験を文章にしたらいいのに」でした。「そっか！　書けばいいんだ！」と思いました。それが文章を書く切っ掛けになりました。

ＡＶ事務所にもグラビア事務所にも所属経験があり、現在はフリーランスのグラドルとして活動していて、マネージャーをしていた経験もある。数々のトラブルを起こし、巻き込まれ、グラドル業界の表も裏も知っている上に、有名ではないからこそ書けるぶっちゃけ話があるはず！　そう思い、ペンを執りました。

売れているグラドルが読んだら「こんなことされたことない！」「こんなことはありえない！」と思うかもしれない。グラドルファンが読んだら「こんな話は聞きたくなかった」と思うかもしれない。

しかし、本書に書いたのは底辺グラドルが実際に見て実際に体験したグラドル業界のお話です。手にとってくださった方は綺麗なだけじゃない生々しいグラビアアイドルのぶっちゃけ話をお楽しみいただければ幸いです。

現役底辺グラドルが暴露する

グラビアアイドルのぶっちゃけ話

目次

第1章　グラドルが見た芸能界の闇

第2章　グラドルの実態とお金の話

第3章　芸能界の裏紳士録

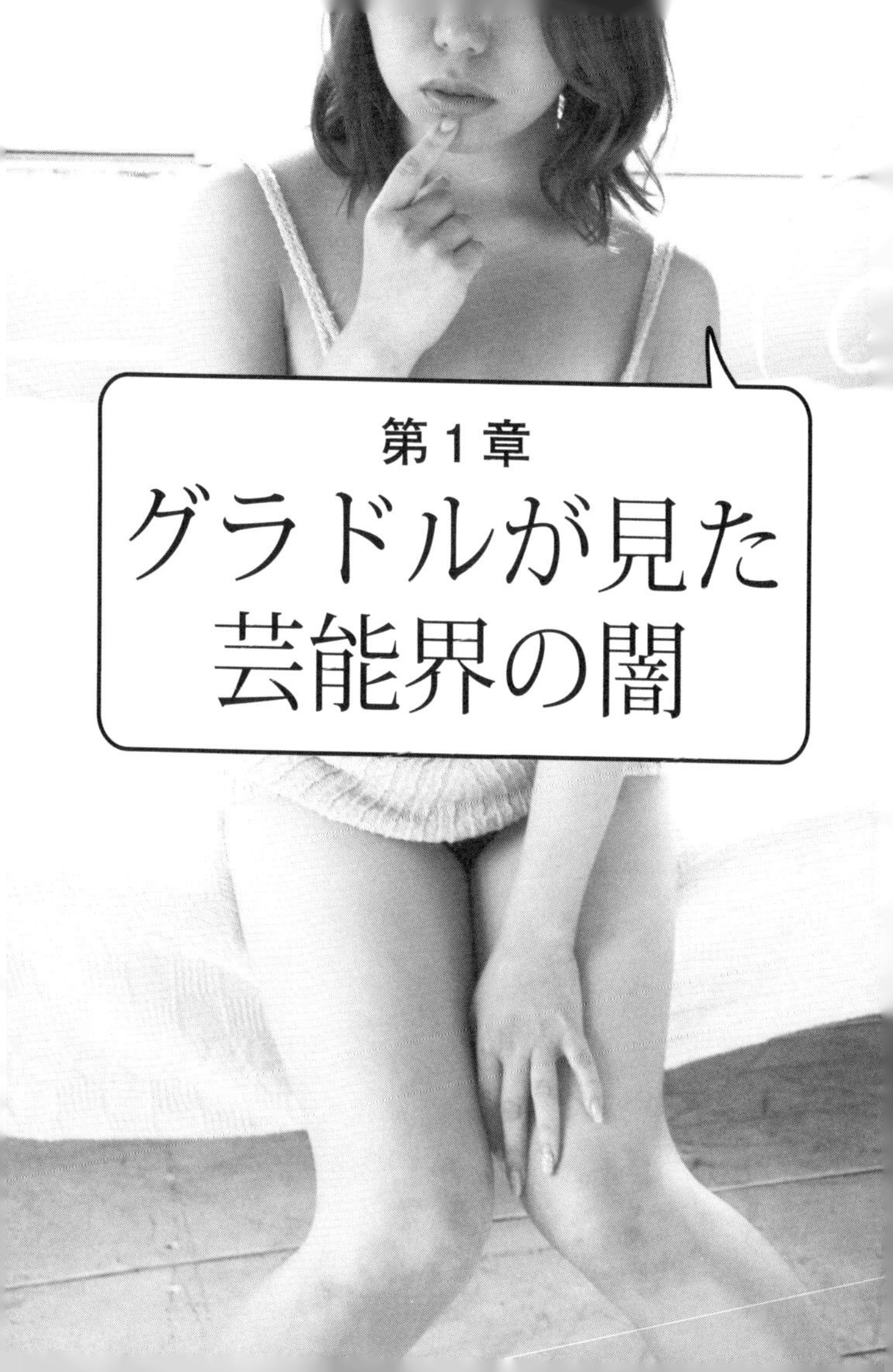

第1章
グラドルが見た芸能界の闇

枕営業は本当にあるのか？

グラドルをしているというと最もよく受ける質問が「枕営業って本当にあるの？」というものです。グラドル好きな方は聞きたくない話かもしれませんが、ぶっちゃけて言ってしまうと、あります。断言してもいいです。なぜなら私が実際に見てきたからです。

みなさんの〝芸能界の枕営業〟ってどんなイメージでしょうか？　私がグラビアの仕事を始める前は、番組のプロデューサーや雑誌の編集長に食事に誘われて、二次会でホテルのラウンジのバーに連れていかれ、「ボクの彼女になれば仕事あげるよ。今夜どう？」なんて囁かれながらホテルの部屋のキーをさっと渡されるイメージでした。

しかし、私の見た〝枕営業〟は逆！　逆というのは、女の子からいくんです。それも「SEXするから仕事ください！」と体を差し出すのではなくて、キャバクラやホストの色恋営業みたいに、「あなたのことが好きなの。仕事なんて関係ないよ」とガチ恋をアピールしつつ交際する体裁にするんですね。そして、ちゃっかりその仕事で一番いいポジションをもらうんです。

本気で付き合っているならいいのではないかと思われるかもしれませんが、そんなことはありません。なぜかというと、そういう営業をする子たちは、みんな本当の彼氏がいたり、ひどい場合、ひそかに婚約していたなんていうケースもあるのですから（爆）。

以前、私はものすごく欲しかった仕事を、この〝枕営業〟というテクニックを駆使した他のグラドルに奪われました。本当に悔しくて悔しくて気が狂いそうでした。しかし、そのことを水商売が長い友人に愚痴ると、彼女は言ったのです。

「それは芸能界に限らないでしょ？　会社や、たとえば私の働くキャバクラでも体を使える女の子は優遇されるよ。その子も体を使って嫌な思いや努力をしているわけだから仕事をもらうのは当然の権利かもしれないよ」

枕は明らかに邪道。だけど、何の武器も持たなければすぐに消えてしまう弱肉強食の芸能界において、タレントとしてのポテンシャルが足りないんだったら、それを補うために対処しなければならない。結果として枕に手を出してしまうのは、致し方ない面もあるのかもしれません。

私は体を使った営業はできませんが、今、それをネタにした原稿をこうして書かせていただいています。芸能界で痛い思いをしてきたことは全部、ネタとして暴露しているので、そう考えると枕営業をしていた子に仕事を取られたのもラッキーな体験だったと言えるのかもしれません。

私が体験した枕の話

枕営業について書いた原稿をネットにアップしたところ、同業グラドルや芸能関係者から「あれって、◯◯ちゃんのことでしょ?」「××の暴露うけるww」など、たくさんの連絡をいただきました。

正直、誰も当たらなかったのですが、◯◯ちゃんは枕営業をしているし、××ちゃんは既婚者だったのかと新事実を知ってしまった吉沢さりぃです。引き続き、枕営業の話を書いていこうと思うのですが、今回は他人ではなく、私自身が体験した話になります。

数年前、新宿歌舞伎町で友人を待っているとき、日サロで焼いた〝いかにも〟な感じのスカウトマンに話しかけられました。「また巨乳系専門風俗のスカウトかぁ」と思っていると、なんと彼は芸能事務所のスカウトマン。所属タレントには私の知っているグラドルも数人いました。

それを知った途端、チャラく見えていた彼がしっかりとした人に見えてきて、新しい事務所を探していた私は、話を聞いてみることにしました。その頃、私は一度グラビア業界から引退した後に復帰した時期で、事務所に属さないフリーのグラドルとして活動していたのです。

近くの喫茶店に移動すると、彼は分厚いファイルを取り出し、事務所の概要や所属タレントの経歴や実績について語り出しました。ふんふんと頷いていると、彼は唐突にこう切り出しました。

「単刀直入に聞くけど、枕営業ってどう思う？」

思わず飲んでいたミルクティーを吐き出すところでした。

彼いわく、売れているタレントはたいてい枕をしているし、枕をやるぐらいじゃないと売れないとのこと。まあ、一理あるようなないような……と思っていると、更に彼はとんでもないことをのたまい始めたのです。

「だからね、高校生とかさ、〝タレントなりたいです！　なんでもやります！〟とか言っといて途中で逃げ出しちゃう子が多いワケよ。芸能界はどういうところかわからせるためにも、うちの社長を紹介する前に俺が1回Hするの。できなければ不合格（笑）。まぁ君は大人だし、いろいろ理解がありそうだから、俺とHしなくても社長紹介するよ、仕事取れそうだしね」

なんじゃ、そりゃー！　でも笑いながら話しているし、冗談なのかな……。そんなことを考えていると、彼は早々に社長と会うセッティングをしてしまったのでした。そして後日、某有名ＤＶＤイベント会場の控室にて、社長と会ったのです。

「いいね〜！　やっぱり巨乳は売れやすいからね！　来月うちの子でＤＶＤを４本撮るのが決まっているから、１本は君にする！　海外ロケだよ！」

上機嫌でそう語る社長さん。〝ＤＶＤ〟と〝海外ロケ〟という２つの単語に完全に釣られた私は二つ返事でお礼をして、その日の面接は終了しました。そして後日、事務所との正式な契約の話になり、スカウトマンからまた歌舞伎町に呼ばれます。

待ち合わせの喫茶店に到着すると、スカウトマンはすぐに「準備はＯＫ？　じゃあ、行こうか」と席を立ちました。あれ、ここで契約書に判を押すのではなかったのかなと思って尋ねてみると、彼は呆れたような顔をしました。

「本当にすぐ所属できると思ってるの!?　社長とまずはＨしてからだよ。最終面接はこれからだから。この前のＤＶＤの話も今日のＨ次第だよ」

時間が止まりました。あぁ、初めて会ったときに言っていた「自分がまずやって社長を紹介する」というのは冗談ではなかったのか。初日に言っていた「君はいろいろ理解がありそう」というのはこのことか。やっとわかりました。

「だったら結構です！」

私はそれだけを告げ、お茶代を叩きつけて足早に帰りました。

現在、この事務所はありません。その社長もスカウトマンの彼もどうなったのかはわかりませんが、これはほんの数年前の話です。最近はこの手の事件で捕まる人も多いですが、今も昔も芸能界を志す若い女の子の心を踏みにじる悪い大人が多すぎます。きっとニュースになっていないだけで、いくらでもある話なのでしょう。

最後に、芸能界を目指す若い子に伝えたいことがあります。私みたいなビミョーなスペックのグラドルでも、枕をしないで多少の仕事はいただけているので諦めないでください!!(爆)　ちゃんとした事務所や大人は必ずいますよ！

枕営業は男性タレントだって狙われている

最近、ぶっちゃけトークをしすぎて知名度はちょっと上がっているものの、ファンの数はめっきり減りつつある吉沢さりぃです。それにもめげず、業界の内幕を書いていきたいと思います。

今回は枕営業の中でも一風変わったお話です。

昔、私がバイトをしていた西東京のキャバクラに、イケメンのボーイ君がいました。話を聞いてみると彼は以前タレントをやっていたようです。ああ、どうりでイケメンだもんなぁと思いつつ、根掘り葉掘り芸能事情を尋ねていくと、出るわ出るわ、香ばしい話が！

彼は誰もが知る某大手芸能事務所に所属していました。その事務所でイケメンを集めたユニットを作って大々的に売り出すことが決定し、彼はそのメンバーに選出されます。演技レッスンから、ダンスレッスン、ボイトレなど日々鍛錬を積み、後はデビューを待つばかり！　という矢先にその事件は起こったのです。

いつものようにダンスレッスンを終えて帰ろうとすると、ダンスの先生に「ちょっと残って」と引き止められました。「もしかして、センターとかに選ばれちゃうのかなぁ？」と呑気に構えていたら、いきなりガバっと先生に抱きつかれ、押し倒されました。急な出来事にびっくりした彼は、「ごめんなさい、無理です！」と告げ、先生の手を振りほどいて逃げるように帰ったそうです。そう、その先生は男性でした。

ノンケの彼は襲われかけたことにただただ驚きました。しかし、更なる衝撃が彼を待ち構えていたのです。

後日、レッスンに行くと、いつの間にか彼はユニットメンバーから外されていて、それどころか事務所内で空気のような扱いをされるようになったんです。かわいそうに……、干されちゃったんですね。

彼は事務所を辞めて一旦芸能界を引退することに。でも、イケメンなので、街を歩けばスカウトの声がひっきりなしにかかります。「また芸能界に復帰しようかな？」という気にもなりましたが、前の事務所の話をすると、大抵のスカウトは諦めて離れていったそうです。私は芸能界の闇をまた1つ見たような気がしました。

この話を聞いた後、勤めていたバイト先がつぶれ、しばらくの間、彼とは疎遠になっていました。しかし、先日、元バイト先のメンバーで忘年会をすることになり、久しぶりに彼と再会しました。彼は、お酒が回ってきたのか、暴露話を始めました。

「実は、あの後もう一度芸能を始めて小さい事務所に入ったんだ。そしたらすぐに大手事務所から引き抜きの誘いがあってね、そこのマネージャーさんからは、だらだら活動するのではなくて、3年なら3年と決めて活動をして売れなかったら辞めるぐらいの覚悟でやってみようって言われたんだよ」

彼はその言葉に揺り動かされ、所属してみようという気になってきたそうです。その大手事務所の幹部の方から飲もうと誘われ、ついていくと……もうお気付きの方もいらっしゃるでしょう。「大々的に売り出してあげる代わりに……」と幹部から提案と同時に〝お誘い〟を受け、彼はまたしても一目散に逃げたそうです。そして、その日を限りに芸能界をきっぱり辞めようと決意したのでした。

「もし誘いに乗ってたら今頃どうなっていたのかなあ。売れてたのかなぁ？」

飲み会では笑いながら語っていましたが、たとえ売れたとしても大事なものを失っていた気がしてなりません。結局、彼は付き合っていた彼女とデキ婚をして、今は就職をして平穏に暮らしているそうです。枕営業は、女だけかと思いきや男性タレントもあったんですね。

私がAVに誘われたときの値段

「芸能界に興味ありませんか？」

女性なら一度は声をかけられたことがあると思います。「え！　私がタレントに？」「小さい頃から女優さんになるのが夢でした」なんて思って、スカウトについていくと無名のヌードモデル事務所だったり、AVプロダクションと提携している風俗だったりということも少なくありません。

表向きは芸能プロダクションですが、裏でAVプロダクションも経営している事務所は多く、会社名や名刺が2つあることも珍しくありません。

AVでデビューする予定が宣材写真を撮影した際に出来がよく、やっぱりグラビアでやろう！　となるパターンや、AVデビューの前に〝はく〟をつけるために、グラビアをやらせることもあります。芸能界とAVというのは切っても切れない関係があるんですね。

実は私も一度、AVのオファーを知人づてにしていただいたことがあります。グラビアを一度引退した後、ブログだけ続けてフラフラしていた頃でした。ブログのメッセージボックスに現役時代にお世話になっていた方から、メッセージが届きました。そして後日食事にいくことになったのです。

思い出話で盛り上がり、緑茶ハイが進み、気分がよくなってきた頃、彼はこう切り出しました。

「単刀直入に聞くんだけど、さりぃちゃん◯◯◯に出てみない？」

びっくりして息が止まりました。

◯◯◯とは超有名な芸能人専門のＡＶメーカー。今では国民的アイドルや誰もが知る芸能人が出演していますが、７、８年前はグラドルからＡＶデビューをするのが珍しく、私クラスのグラドルにもお声がかかったのです。

気になるギャラはと言うと……。

「１本限定で１０００万。さりぃちゃんが９００万で僕が仲介料で１割だけ引かせてもらいたいんだけど、どうかな？」

な……な……なんと!!　1本だけで1000万!!　冴えないグラドルだった私がAVに出たら1000万!!

正直すごく悩みました。着エロで乳首スレスレの衣装を着たり、大人のおもちゃでオナニーしているようなDVDを出すより、SEXする方が綺麗なんじゃないか、ということ。あとはぶっちゃけお金のこと（笑）。20歳そこそこの小娘が1本の出演で900万ももらえるんです。なびかないわけありません。「900万あれば田舎の家の頭金くらいにはなるなぁ～」なんて思ったりしました。

悩みに悩み、結局思いきれずに断りましたが、後悔もしました。というのもお断りした直後から〝AV女優のアイドル化〟が始まったように思えたからです。

AV女優メインのアイドルユニットが人気を博していたり、何度も撮影で一緒だった私とドングリの背比べをしていたグラドルがAVデビューをして雑誌で撮り下ろしの特集が組まれたり、地上波で見かけたりと、飛躍っぷりがすさまじかったのです。「私もあのとき思い切ってAVデビューしていたら、この中にいられたのかな?」と思わずにはいられませんでした。

そして、つい最近AVやグラビアのキャスティングをしている方とお会いする機会があり、興味本位で「私が今、AV出たらいくら出ます？」と聞いてみました。答えは「出せませんね！」と。出せないって、そんなにギャラが出せないってことかな？　とキョトンとしていると、「吉沢さんが今AVに出ても、売れないだろうし、ギャラもほとんど出ないからやらないほうが身のためですよ！」と笑われました。何百万も出るとは思いませんでしたが、一応現役グラドルなのにAVデビューすら止められるって一体……。

かつては1本1000万とまで言われたのに今や価値ゼロ。売り時大切です（白目）。

ＡＶになるためのグラドル

今のグラドルとＡＶ女優を見比べると、圧倒的にＡＶ女優のほうが可愛い子が多いと思いませんか？

昔はグラドル、着エロアイドル、ＡＶ女優とで容姿に差があったように思いますが、最近の現場では「最近のグラドルってブスしかいねーなぁ！」という耳が痛くなる声が聞こえてくるほどです。

そして、最近のＡＶ女優のデビューは、〝え！　あのグラドルがヌードに！〟とか、〝まさか！　〇〇に出ていた正統派美少女が脱いだ！〟なんてキャッチコピーが多いと思います。これは実際に本人が女優デビューしたいと思うこともあれば、事務所が女優業を促すパターンもあります。ですが、ごく稀に〝ＡＶ女優としてデビューする〟ことをゴールとしたグラドルもいるのです。

最近の若い子にとってＡＶ女優は憧れの職業だと言われています。ワケありで～とか、借金のカタに売られて~という子は本当に一部で、自ら志願してAVに出る子が多く、毎年数千人もデビューすると言われています。

AVの世界には、単体女優、企画単体女優、企画女優とランクがありますが、自ら志願する子のほとんどは、単体女優を目指すそうです。

毎月グラドル以上に大勢の新人AV女優がデビューするので、可愛いだけで売れるのは至難の業。グラドルでも同じことが言えますが、1つでも〝武器〟は多い方がいい。たとえば元オリンピック選手、元CA、元◯◯市役所職員、現役塾講師、現役◯◯大学生……。少しでも売れるためにインパクトのある昔の職業を持ってくることは大切なのです。そして、インパクトを与える職業の1つがグラドルというわけです。

あえてすぐAVにいくのではなく、1年なり2年なり期間を決めてグラビア活動をして、ある程度名前が売れてきたところで〝元グラドルがAVデビュー〟と満を持してデビューさせるのです。

もともと職歴や肩書きなどの〝売り〟がない場合、いきなりどこかに就職したり資格を取ることは難しいですが、グラドルなら手っ取り早いし、メディアにも出られるので一石二鳥というわけです。またAVデビュー前提のグラドルの場合、あとあと回収できるという計算で、雑誌の撮り下ろしのグラビアページを買ったり、あまり売れなくてもあえてＤＶＤを連続リリースしたりします。

このような形で仕事をしていくので、たまに予想以上にグラドルとして売れてしまって本人も事務所もＡＶデビューしたいのにグラドルを辞められないパターンや、本人がＡＶに出たくなくなるというパターンもあります。

ＡＶやグラビアのスカウト兼ブローカー的なお仕事をしている人は、ＡＶデビュー前提のグラドルに対して「万が一グラドルとしてものすごく売れても必ずＡＶデビューをする」といった内容の契約書を交わしているそうです。ＡＶで何千、何万本売れるものを作るために、他のグラドルよりお金をかけて売り出すので、裏切られたら元も子もないということですね。

私は一度グラドルを引退した後、マネージャーをしていたことがあるのですが、そこそこ名前の知られているグラドルの活躍を見ながら他の事務所のマネージャーさんたちと「あの事務所なら、いずれＡＶかぁ〜」「あの人の担当ならグラビアで売れなくなったら脱がすなぁ」なんてことをよく話していました。ベテランのマネージャーさんの予想は大体当たっていました。

グラビアファンの方も最近は寛容といいますか、推しのグラドルが脱いでも驚かない方が多い印象です。昔はグラドルのファンとAV女優のファンははっきりわかれていましたが、今は好きな子であればどちらも推してる方が多いですね。「グラドルのほうがブスなのにAVよりDVDの値段が高いし、水着とかセミヌードくらいしかやらないし、どうなってるんだ！」となぜか私がクレームをいただいたこともあります。

あなたの推しのグラドルは来年水着を着ているでしょうか⁉

芸能人と整形の話

芸能界やグラドルの裏側に興味がある人からよく聞く質問の1つに「やっぱり整形してる子多い？」というものがあります。

答えはＹＥＳ。

デビューしたときはエラが張っていたのにいつの間にかエラがなくなっていたり、昔の写真が流出したら、目が3分の1くらいの大きさだったり……有名、無名に限らず芸能人で整形している人は少なくありません。

大手事務所に所属していて期待されている子は、デビュー前に事務所が経費でお直しをしてくれる場合もあります。

しかし、掃いて捨てるほどいる下層グラドル、地下アイドルは「使えるものは使っとけ！」といったスタンスの事務所が多いので、整形するなら実費になってしまい、不完全なままでもとりあえずデビューするのです。

そのためか、私レベルの下層グラドルや地下アイドルの整形はちょっとえぐいです。というのも、〝わかりやすすぎ！〟(爆)

たとえばもともと鼻筋は通ってるけど、目が一重で腫れぼったい、整形で二重にして目をパッチリさせる程度なら、男性から見たら「あ〜、綺麗になったね」という感じで気がつかないと思うんです。

しかし、下層グラドル、地下アイドルで整形をしている子は、鼻筋が日本人ならあり得ないような場所からクッキリ始まっていたり、二重の幅が1センチあったり、整形をしすぎてまばたきがおかしくなっていたり、上手に目がつぶれなくなっていたり、あばらが浮くほど細いのに巨乳になっていたり……。

正直誰がどう見ても整形だろ！　って子が多いです。巨乳といってもデブの私が言うと説得力に欠けますが、ガリガリの巨乳はほぼ存在しません。売れている子で細いのに巨乳な子はいますが、よーく見てください。お腹や二の腕には女らしい丸みがあり、ほどよく肉付きがいいはずです。

グラドルや巨乳好きな方なら「言われなくてもわかるよ！」という感じかもしれませんが、首筋から胸までの肉が極端に少ないのに巨乳だったり、あまりにまんまるすぎる胸をしている子は豊胸している可能性が高いですね。

メイクさんに聞いた話ですが、豊胸している子は「脇の下をすごく気にするからすぐわかるよ！」ということです。安い豊胸手術だとどうしても傷が残りやすいらしく、撮影中にしきりに脇の下にファンデーションを重ね塗りするそうです。

事務所によっては、「自分で綺麗に整形してきてくれるのはありがたい」と考えるところもあれば、整形済みの子は所属させないところもあります。

一時期やっていたマネージャー時代に、私が担当していたアイドルから撮影前日に「実は昨日整形して、顔の腫れがひかないのでお休みします」とメールが来てたまげたことがあります。その子はだいぶ可愛くなったのでむしろよかったとは思いますが、いきなりやるなよ！　と思いました。

そのことをちらっと他事務所のマネージャーさんと話していると、いきなり整形してしまうアイドルは多く、宣材写真と顔が違いすぎて、現場でクライアントが怒り出すこともあるようです。

実は私も随分昔に整形未遂をしました。顔が大きいのがコンプレックスで、美容整形外科にカウンセリングに行ったのです。理想の小顔にするには何百万もかかると聞き、そんな金額は払えないので安いエラボトックス注射をしました。エラ部分にボトックス注射をすると骨の筋肉が緩くなり顔がスッキリ見えるのです。

実際顔は細くなりましたが、口とほっぺの神経がおかしくなり笑顔が歪んでしまいました。その当時の写真は今でもファンの方に「顔が意地悪そうに見える」と言われます。それに懲りてもう美容整形外科には頼らないと心に誓ったのです。

そしてついこの間、大手事務所の社長さんにお会いする機会があり「どうやったら私が芸能界で大成できるか」を相談しました。すると、「君の場合は、まずパトロンを見つけて全身整形してからだね」と切り捨てられ、言葉を失いました（笑）。自腹で整形費用がないことすら見抜かれていました。

グラドルは想像以上に薄給の仕事です。売れたい＝綺麗になりたい＝整形したい＝お金がないから安いところで施術する＝失敗するといった悪循環が生まれているのかもしれません。

リスカ跡のあるグラドル

ＤＶＤを数本リリースし撮影にも慣れてきた頃、ロケ先にマネージャーはついてこなくなり、事前の衣装合わせもなくなり、当時所属していた事務所は私の息の長い芸能活動よりも、ＤＶＤ１本のギャラを大切にしているなぁと感じるようになりました。

そんなとき、私はリストカットするようになりました。前は楽しみにしていた撮影も、「どれだけ次は脱がされるんだろう」「現場に行ってみたらＡＶとかないよね？」など、被害妄想が止まらず、パニック状態になったときに気がつけば手首を切っていました。

撮影が１週間後なら、どの程度の深さなら切っても大丈夫か、腕のどのあたりならすぐ傷がなくなるか……。

リスカはするのに、現場でリスカしていることがバレたくない私は綿密に計算して切っていたのです（爆）。

当時、私は大学４年生。周りは就職活動真っ只中。芸能界で売れたいけど、もう先はないと冷静に見られる自分と、でもやっぱり諦めたくはないという気持ちの間で揺れていました。

仕事は3、4ヵ月に1回DVDの撮影があるのと、月1の撮影会程度。DVDの内容はどんどん過激になっていき、〝もう無理……〟と思いつつも〝これを断れば次がない〟と考えて、常に作り笑顔で「できます！　頑張ります！」と答えていました。

親にはグラビアをやっているなんて言えず仕事を隠し、友達には「吉沢はAVに出るの？」と心配され、完全に心のバランスが崩れていました。

〝どうしよう……私、どうなるんだろう……〟

激しい不安に駆られたときは、スケジュールを見て撮影日を確認してはリスカを繰り返していたのです。しかし、その綿密な計画のもと行っていたはずのリスカも回数を重ねれば、跡が消えにくくなり、ついにリスカ跡を残したまま撮影に向かうことになってしまったのです。

「さりぃちゃん、腕どうしたの……？」

プロデューサーは問います。

「友達んちの猫がすごいわんぱくでー！」

私は笑顔で答えました。しかしプロデューサーは表情を固まらせたまま、「そう」と言っただけでした。

これが、1回目のグラビア引退前のラストDVDとなりました。

私だけではなく、リスカをしているグラドルやアイドルはとても多いのです。

デビューしたての頃、売れっ子グラドルと現場が一緒で浮かれたことがありました。その撮影は私以外はすべて大手事務所所属の売れっ子グラドルばかりで、弱小事務所所属の無名グラドルは私だけでした（白目）。

その中でも一番の売れっ子の手首には無数のリスカ跡がありました。しかも両手。まだグラドルデビューしたてで右も左もわからない私は〝こんな売れっ子がリスカなんかしてもったいないなぁ〜〟と素直に思いました。びっくりして手首を凝視してしまった私に気付いた彼女は咄嗟に手首を隠しました。

大手事務所で推されていた彼女は人気もありましたし、私の目には輝いているように見えましたが、実際は激務の上薄給で、周りからの激しいねたみを受けて、精神的に滅入っていたようでした。

また、手首だけではなく見えないように、足首を切る子、耳の裏を切る子、指を切って指輪で隠す子、首筋を軽く切る子、中にはミミズ腫れになるほど二の腕を切っている子もいました。グラドルになりたくないのに事務所の意向で無理やりやらされている子の中には胸まで切っている子もいました。

当たり前ですが、リスカを嫌う現場は多く、オーディションや案件に「※リストカット跡のない方」とわざわざ書いてあることもありました。それだけリスカをしている子が多いということですね。

芸能人とクスリの関係

最近は薬物の使用で大物芸能人が捕まるニュースが多く、「吉沢もタレントのはしくれだから、ドラッグパーティとか呼ばれたりするの？」などと友達に聞かれることがあります。

実際はどうかというと、私も周りのグラドルも薬なんてやっていません！　まず私の場合は体型を見ていただければ薬をやっていないのは一目瞭然かもしれません（笑）。そしてそれ以上に薬を買うお金なんて売れていないグラドルにはありません。生活するのにいっぱいいっぱいですから。

……なんですが、芸能界と薬のことに詳しい方に面白半分で聞いてみたところ、テレビで見かける若手有名芸能人の中には薬をやっている人もいるということです。

彼らの間では覚せい剤よりもコカインのほうが流行っているそうです。なんでも薬のヌケが早くバレにくいことと、覚せい剤よりもイメージが悪くないことが理由のようです。

SEXのために使うというよりはパーティードラッグとして使用し、会員制の隠れ家的バーを貸し切ったりして遊ぶことが多いということでした。

薬を売る側にしても、芸能人は一般人よりも高く買ってくれる上に、売人との接触を減らすために一度に多く買ってくれることから良い顧客になっているようです。そういった付き合いが深くなりすぎて裏社会との結びつきが強くなり、泥沼にハマっていく人もいるということでした。また、中にはよからぬことを考える芸能事務所の人間が、所属タレントに薬をやらせてコントロールしようとしたり、薬漬けにしてAVデビューさせようとすることもあるようです。

いろいろ聞いていているうちに話が生々しくなってきて、怖くなってきた吉沢は、「誰がやっているか聞く?」と尋ねられて、「いえ、大丈夫です」と答えてしまいました。ジャーナリスト魂が足りなくてすいません。

〝俺の推しのグラドルは大丈夫かな?〟と心配になったあなた、コカインをやっている人には見分ける特徴があるのです！　鼻から吸うコカインの場合、風邪でもないのにやたらと鼻をすする、こする、気にするような行動が慢性化している場合はクロかもしれません……（怖）。

私はある意味、薬を買うお金がなくてよかったです。

芸能界と裏社会

先日、給料日後にちょっと背伸びしたバーで友達と飲んでいるといかにもVシネマに出てきそうな素敵なおじさまが入店してきました。

何とも言えないオーラに引き込まれ、アホ面で凝視してしまいました。すると、なんとおじさまが声をかけてきたのです。

「2人で飲んでるの？　一杯ご馳走してあげるよ」

す、素敵ーー!!

予算の関係上、そろそろ出なければと思っていたところだったのでありがたくご馳走になることにしました。そして、いざ乾杯するときにハッとしました。

こ……小指がない！

任侠のお方なのか、と一瞬ビビりましたが、直感的に危なそうな方ではなかったのでそのまま飲ませていただきました。世間話をするうちに、私達の仕事を聞かれました。すると一緒にいた友達が「この子グラドルなんですよ～」と私を紹介したのです。「あ～、そうなんだぁ～」と言いながら、おじさまは昔話を始めました。

今は任侠の方と芸能界の関わりは表向きNGとされていますが、以前は友好的な関係だったようです。揉め事があればうまく収拾をつけたり、舞台や大きな仕事があればサポートしたりということは日常茶飯事だったといいます。

おじさまの口から出てくる芸能人の名前は大御所ばかりで、本当に書けないネタばかり（滝汗）。たとえば某有名タレントの祖母と仲良しで有名タレントが若い頃やんちゃで手を焼き「うちの孫なんとかしてやってくれない？」とお願いされたり、飲み会で某有名歌手の頭に「ちょんまげ〜！」と言って、陰部を乗せたり（爆）、私が大好きだった俳優さんとも本当に仲良しで毎回彼女を紹介されていたそうです。

また大手芸能事務所の社長から「うちの新人です。良かったらかわいがってあげてください」と囲ってくれと言わんばかりに若い女性タレントを紹介されたこともあるとか。今では誰もが知る大女優さんになっているので本当にびっくりしました。

やっぱり囲っていたんだろうなぁと思っていると、彼女は当時未成年だったこともあり、手を出すようなことはなかったようです。

あんな綺麗な女優さんを断るまい！　と思っていましたが、予想に反しておじさまは常識人。

ただ、最後に寂しそうに、「今は俺らと付き合いがあるとあいつらに迷惑がかかるから、俺からは一切連絡をしないんだ」と言いました。知り合いの芸能人からは連絡が来るものの、相手のことを考えて身を引いていると。なんだか私達もしんみりしてしまいました。

その後、しばらく飲んでいると、おじさまは私達の分もすべてお会計してくださいました。高級なバーでさんざんご馳走になったので、ちゃんとお礼をしなければと思い、名刺をもらおうとすると、「俺の名刺は高いからあげれないな（笑）。お姉ちゃんグラビア頑張れよ！」と言ってスマートに帰っていきました。

翌日、二日酔いでグダグダしている私のところに友達から電話が来ました。

「やばいよ！　昨日のおじさん、超有名人だよ！」

飛び起きてネットで名前を検索すると本当にめちゃめちゃ上の方だったんです。たびたび芸能界と裏社会の関係がニュースなどで取り沙汰されることがありますが、あのおじさまのことを考えると、悪いものばかりでもない気がしてしまいました。

過激化が進むジュニアアイドル

有象無象のアイドルがデビューする昨今、私も勉強がてらによくＤＶＤショップの棚をチェックしているのですが、中には「これ、まずいんじゃないかなあ」と思うようなものもあります。

たとえば、小学校低学年どころか幼稚園児の水着イメージＤＶＤを発見したときには仰天しました。そのＤＶＤの内容はというと、牛乳を飲んだり、水鉄砲を吹きかけられたり……といったもの。もちろん、その子は、それが〝大人側の妄想〟によるシチュエーションであることはわかっていないでしょう。

これが小学校高学年や中学生になると普通にＴバックを履きますし、下にマイクロビキニなどを付けているとはいえ、何も羽織っていないかのような演出の手ブラポーズを決めたりもします。アラサーの私ですら抵抗のあるバナナ舐めやアイス舐めなんかも、難なくこなしてしまう。演出側の狙いをわかってやっているのか、それとも何もわからずやっているのかは不明ながらも、とにかくすごい……。

こんな年端もいかない子どものイメージＤＶＤが売れるのかと思う方もいるでしょうが、関係者いわく、マニアの需要があって売れちゃうみたいです。日本の殿方、もっと大人の女性を見ましょうよ！（泣）

ジュニアアイドルの過激化は２０００年代半ば頃から顕著になりました。２００５年、12歳のグラドルがＴバックを履いて話題になります。更に翌年にはＶバックという紐のような水着を身につけた12歳も登場しました。

その頃から週刊誌などでもバッシングが起こりますが、「子どもは儲かる」ので、今もたくさんのＤＶＤがリリースされているのが現状です。最近は低年齢化が進行し、５歳の園児までもがグラドルになっています。

ただし、今後は東京オリンピックを前に大規模な規制が入るのではないかとも噂されていて、ジュニア業界も予断を許さない状況です。

以前、ジュニアアイドルＤＶＤをリリースしている制作会社の社員さんと話した際、どうして女の子たちはこういうDVDに出演するのか尋ねたことがあります。そのとき、返ってきた答えが「親自体も低年齢化していて、そんな親の意思による」というものでした。社員さんはこう言っていました。

「だいたい、幼稚園児や小学校低学年の子が、AKBに入りたいとは思っても、グラドルになりたいと思う？　20歳以下の子は、親の承諾なしに芸能活動ができない。だから、ジュニアアイドルの9割以上は、親が積極的に売り込んでいるんだよ。昔だったら、娘にグラドルをやらせる親なんかいなかったけど、今は親も若いし、考えも浅はか。女の子たちの中にはグラビアをやりたくない子もいる。現場でも〝こんなの嫌！〟って泣いて逃げちゃうケースもあって、大変だよ」

確かに私が学生だった頃は、グラドル自体にあまりいい印象がなく、ましてや学生時代にデビューするといじめの対象にすらなっていました。ではなぜ、親が子どもにグラドルをやらせるかというと、「お金のため」というのが理由の大半のようです。ジュニアアイドルは年齢が若ければ若いほどギャラは破格。底辺グラドルならば15万円もらえたらいいほうですが、ジュニアアイドルだと最低15万円、人によっては50万円出ることもあります。

大人の数倍は稼げてしまうのです。

グラビアの仕事は自分でやりたいという意志を持って挑戦すればやりがいのある楽しい仕事。しかし、親の小遣い稼ぎのために無理やりやらされている女の子たちのことを考えると、悲しい気分になってしまいます。

まあ、若い子がどんどん脱いで、過激なＤＶＤを出してしまうと、私たちのやることがなくなってしまうので、「控え目にしてね」という本音もあるんですけどね（笑）。

NG項目だらけのDVDが勝手にリリース

ジュニアグラドルの話に引き続き、もう1つDVDのエグい話をしたいと思います。〝グラドル映像二次被害〟です。

引退したグラドルが久々にエゴサーチしてみると、あるサイトで自分の名前を発見しました。なんだろう？　と思いクリックすると、あろうことか〝新作DVD発売!!〟の文字が……。

彼女はそれを見て激しい違和感を覚えます。それは、彼女が出演した覚えのないDVDだったのです。

慌てて彼女がネットでそのDVDの情報を集めてみると、更に衝撃的な事実が発覚します。その新作DVDは彼女の引退の切っ掛けともなったDVDの素材の中から、NG項目ばかりを集めて制作されたものだったのです。

裏パッケージもかつてリリースしたDVDを撮影した際にボツにしたものばかり。なぜ、こんな映像がDVDにされているのかと、彼女はパニックになりました。

いや、そもそもなぜ、こんなNG項目を彼女は撮らせてしまったのかと思われる方もいらっしゃるでしょう。ですが、これは仕方のないことなのです。

たとえば、乳首はNGだけれども、透け乳首はOKという場合、動画撮影ですと、カメラは縦横無尽に動くので、その服の隙間から乳首が見えてしまうカットも出てきます。また、お尻を全部見せるのはNGだけど、半分や3分の1はOKという場合も、なにかの拍子に服がはだけて見えてしまうこともあります。私も撮影中のポロリは数え切れないほどあります。

こうしたNG映像は、本来マネージャーが発売前のサンプルでチェックして精査するため、世に出回ることはありません。

彼女は元所属事務所に確認しようにも、元マネージャーは転職しているし、事務所自体がつぶれていたため、〝責任の所在〟すらわからない状態になってしまいました。

そこでやむを得ずフリーで活動するグラドル仲間に相談してみると、予想外なことに、意外とこういう話はよくあるということを知ったのです。

事務所に所属していれば、DVDの発売前には必ず事務所や担当マネージャーに連絡が入ります。もしも勝手に発売されてしまったとしても、タレントを守るためにも所属事務所が対処します。
しかし、フリーのグラドルだと、たとえば、仮にそのメーカーに対してクレームをつけて発売の取りやめなどを要求すると、〝めんどくさいグラドル〟と業界内で噂が広まる可能性があります。
更に、こういうトラブルが表に出てしまうと、今後の活動の上で決していいイメージになりません。そして何よりも、騒ぎ立てることによってそのNG映像が話題になり、むしろ世間に広まってしまうかもしれないというリスクを抱えているのです。フリーのグラドルというのは、このように圧倒的に弱い立場なのです。

もっとも、メーカー側も、それがNG映像だと知らずにリリースした可能性もあるでしょう。数年前の映像となると、何百人、何千人といるグラドルの細かいNG項目の伝達も行き届いてなかったりします。ヒットしたDVDの撮影素材の中で、まだ世に出てないものがあれば別のバージョンを出して儲けようという気持ちもわからなくはありません。

大方のグラドルが泣き寝入りすることになる二次利用映像被害ですが、中にはグラドルを引退しているにもかかわらず、NGネタを映像化したメーカーや制作会社を相手どり慰謝料を請求した強者グラドルもいたそうです。

「裁判で戦ったら、だいたい30万から200万ぐらいはもらえるみたいだよ」

あるフリーのグラドルはそう言っていましたが、これはDVD出演料の数倍の額！　こんなにもらえるのなら、面倒くさいグラドルと思われても、訴えちゃうかも？

万が一、吉沢さりぃのNG項目オンパレードなDVDが発売されたら、どれぐらいの慰謝料になるのかなぁと思いながら、エゴサーチをしてみます（笑）。

愛人契約のためのノーギャラ仕事

「ノーギャラでＤＶＤ出したい子、誰かいない〜？」

たまにこんな連絡をいただくことがあります。

私のようにフリーで活動するグラドルは自分の仕事以外にもキャスティングまがいのことを頼まれたりもします。


基本的にどんな仕事でも当たり前ですが、ギャラは存在します。私クラスのグラドルではＤＶＤに出演すると３〜15万円、テレビで３〜５万円、ネット番組で数千円といったところが相場です。

一度グラドルを引退する前は小さな事務所に所属していましたが、その後、フリーとして活動を再開したときに初めて「え！　こんなにもらえるの!?」とびっくりしました。たいした金額でもないのに驚いてしまうなんて、前の事務所ではいくら搾取されていたんでしょうか……。

たまにノーギャラの仕事も存在します。それはDVDの宣伝のためのパブリシティだったり、たまたま何かの企画にひっかかって画像を転載するときなどです。ギャラは出ませんが、その分、宣伝になるということですね。

また、滅多にないことですが、「ギャラ出せとか言うやつは使わない」なんていう化石のようなプロデューサーもいらっしゃいます……。

私の場合、雑誌、テレビ、ネット番組に関してはギャラうんぬんというよりは「ぜひ出してください！　使ってください！」というスタンスなのでギャラの交渉はしません。取り立てて安いなぁと思ったこともありません。しいて言えば間に人が入っている仕事を引き受けたときに、クライアントはギャラを支払っているのに、その人から私への支払いがないことが数回あり、それはムカつきましたが（笑）。

話を戻しまして、DVDなどのグラビア案件に関してはノーギャラではやりません。だって、アラサーとはいえど嫁入り前ですよ？　いくら「売れていないんだからガチャガチャ言うな！」と言われてもノーギャラで手ブラをしたりTバックを履くのは嫌です。ノーギャラなのに乳首出すなんてもってのほか。というか、こんな話をしている時点で、グラドルの社会的地位ってなんて低いんだという気がしてきました（白目）。

以前、こんなギャラに対する個人的なこだわりをDVD制作会社の人に話していると、「ノーギャラでもグラビアDVDや着エロDVD出したい子いっぱいいるじゃ～ん！」と言われました。

「え～!!」と驚き、なぜなのか考えました。確かにDVDを出していないより出した方がいいし、本数をたくさん出した方がいいのはわかるけど、ノーギャラなら出せるという時点でニーズはないということが判断できます。OKした時点で足元を見られ、大人にうまく使われちゃうだけなんじゃないかと思いました。

私が考え込んだ顔をしていると、制作会社の人は笑いながら言いました。

「簡単だよ！　愛人契約の値段が上がるんだよ！」

あ、愛人契約ぅぅ～??

どうやら愛人契約で稼いでいるお姉さん方の中にはノーギャラでも何でもDVDを出していれば〝グラドル〟と名乗ることができて、値段が高騰するのでやりたい子はごまんといるらしいのです。

ＤＶＤを何枚出しているか、テレビにどれだけ出ているか、雑誌にどれだけ出ているかで自分の売買価格が変わるのです。枕営業で仕事を取るのではなく、もはや枕営業のお小遣いで生きているグラドルにとってはＤＶＤを出しているか否かは売値を決める重要なポイントということでした。

答えを聞いて妙に納得してしまいましたが、グラドルの名刺代わりとも言えるＤＶＤが、最近はグラドル本業の子でもなかなか出せないＤＶＤが、まさか愛人契約の値段高騰のアイテムになっているとは開いた口が塞がらなくなりました。もはやグラドルという枠から出たまったく別の仕事ですね。

地下アイドルを飼い殺しにする芸能事務所

有名でも無名でもアイドルユニットでセンターを飾る子は容姿に恵まれていたり、抜群に人気がある子ですよね。大体どのグループも絶対的センターとNO2、3は安定していると思います。そして、それ以下の子達も残念ながら下位のまま安定しているユニットがほとんどです。

大所帯のユニットになると、センターと最下位の子は売上が天と地ほども違います。最下位になると、その子をアイドル活動させるだけで運営がマイナスになる場合も多いです。規模の小さい地下アイドルだったとしても、衣装代、レッスン代、スタジオレンタル代、交通費、ご飯代、経費などはかかってきます。下位のアイドルだけではなく、どう計算しても「採算が取れていないんじゃないかなぁ?」というユニット自体も多いのです。

ここでは地下アイドルをめぐる残酷な事務所の思惑などをお話したいと思います。

私が知っている某地下アイドルのユニットの上位メンバーはチェキの売上も動員もあり

ますが、下位は活動費もペイできない子がほとんど。上位の売上だけだと大赤字だし、一体どうやって運営しているんだろう？ 興味本位でマネージャーさんに聞いてみると、厳しい現実がありました。

まず上位メンバーのみギャラ支給、ライブ物販の売上折半、衣装代交通費支給。これは良心的な額ですね。しかし、下位メンバーはライブ物販の売上の20％バック、交通費なし。そして……衣装代がメンバーの自腹なのです。

「なんじゃそら!?」

私は思わず声を出してしまいました。事務所に入らずフリーで活動するなら、衣装を自腹で買ったり作るのは当然ですが、事務所に入っていて、ましてや運営がついてるユニットに参加していて、なぜ自腹で衣装を買わなければならないのでしょうか。

しかも、1万、2万ではなく10万近くの金額です。これでは、アイドルになったというより、アイドルというポジションをお金で買った……という感じですね。

そのユニットの下位メンバーに関して事務所は、そもそも期待しておらず、最初からお金をかけずに〝売れたらラッキー〟としか思っていないんです。

実家暮らしでお金がかからない生活をしているなら、わずかな物販の売上バックで暮らせるかもしれませんが、田舎から出てきたひとり暮らしの子だったらどうでしょうか？週何度もあるライブ、CDを出せばインストアイベントの嵐、合間を縫ってレッスン。バイトをする暇すらない子がほとんどです。

人気下位メンバーで、生活をするのが難しくなった子は、卒業も視野に入れざるを得ません。そこで悪徳事務所は一度は励まし、生活費を前借りさせるのです。「生活費を貸してくれるなんて優しい事務所じゃん〜！」そう思いますか？

しかし、給料や待遇はまったく変わらないので前借りという名の借金が増えていくだけなのです。そして、前借りが3桁を超えたアイドルに対しては、「もうこれ以上は前借りをさせてあげられない。君には2択しかない」と告げるらしいのです。

選択肢の1つは、元ユニットメンバーという謳い文句を使いAVデビューし前借り分を返すこと、もう1つは、事務所の紹介の風俗店で働き、ユニット活動を継続しつつ前借り分を返すこと。ユニットアイドルにこだわる子は泣きながらも風俗店で働くことを決意することがほとんどらしく……もう言葉が出ませんでした。

この話は最悪のパターンではありますが、残念なことに地下アイドルを運営する事務所のほとんどが、担当するアイドルをメジャーにする気はありません。

それはなぜか？　答えは簡単。地下アイドルは儲かるのです。

世間一般の認知度がない地下アイドルでも毎回20〜100人の動員があり、安定した物販の売上があれば1回のライブで10〜100万稼ぐことも可能です。そして、何より地下アイドルはライブ数が多い。大体は衣装を自分で管理し、各自電車移動。ライブもオケのCDを音響に渡せばできます。必要なのは物販でチェキを撮影したり、会計をするスタッフのみ。

あるテレビプロデューサーはこう憤っていました。

「折角番組に出演させるチャンスを与えようとしても、ライブがあるからと断るマネージャーが多すぎるんだよね」

これはどういうことか。地上波の番組に出演して知名度を上げることよりもライブの日銭を取っているんです。もちろん、アイドル達に地上波に出られるチャンスがあったということは伝えません。売れたい彼女達はいつものライブ出演よりもテレビに出たいでしょうが、売る必要がないと思っている事務所、ライブで稼ぎたいと思っている事務所はその話をしないのです。

今はとにかくアイドルの数が多く、部活動の延長線上でやってるという子も少なくありません。その程度の認識の子に関しては問題ないかもしれませんが、本気で売れたい、成功したい子をうまく使う大人が多すぎる現実に胸が苦しくなります。

マネージャーを信じ、事務所を信じ、過酷なスケジュールをこなし、ノーギャラ同然でライブをこなし、いつかメジャーアイドルになれるのを夢見ている彼女達に明るい未来はあるのでしょうか。

しかし、これが地下アイドル業者のすべてではありません。ごく一部ですが、とても優秀なスタッフのいる優良な事務所もあります。しっかりとした事務所なら、きちんと生活できるだけのギャラをくれます。売り上げのある子にはきちんと給料を支払い、メジャーになれるようにサポートしてくれます。

少なくとも私が今まで関わった事務所は優良なところばかりでした。あなたの推しのアイドルの事務所は信頼できるところですか？

詐欺まがいの読者モデルのスカウト

タレントのスカウトかと思ったらAVや水商売のスカウトだったり、スカウトマンの言っていた話があとあと嘘だとわかったり、スカウトをめぐるトラブルは少なくありません。ここでは現役グラドルも引っかかりそうになった怪しいスカウトの話をしたいと思います。

あるグラドルが撮影帰りに歩いていると、こじゃれたお姉さんに声をかけられました。

「すいません！　すごくお洒落でお綺麗な方だなと思って声かけさせてもらいました。読者モデルを探しているんですが、ご興味ないですか？」

そのグラドルはお世辞にもお洒落なタイプではありませんでしたが、昨今の読モブームもあり、ワンチャンあるかもしれないと色気を出して話を聞くことにしたそうです。

その場でお姉さんの持つノートに氏名や住所等を書かされます。そのノートにはたくさんの個人情報が列記されていて、その名前の端にはAとか、特A、Sといった意味ありげな記号が書かれていました。そして後日、撮影日の連絡がきました。

編集部が入っているという雑居ビルに向かうと、中は大勢で埋め尽くされていました。下は中学生から、上はアラサーぐらいの男女が20～30人ぐらい。中にはお洒落で綺麗な人やイケメンもいれば、「えっ、お前が!!」と思ってしまうような人も混ざっていたとのこと。

受付でアンケート用紙を渡され、頭の上から足のつま先まで、どこのブランドだとかどこで買ったとかコーデのポイントだとか、いかにも〝読モらしい〟質問に答え、いざ撮影が始まります。

編集部近くの住宅街に案内されて撮影されましたが、移動時間も含めてたった15分程度。撮影に慣れている彼女は、これだけしか撮影しないのかと思いつつも、また編集部へ戻って、新しいアンケートの記入を求められました。

アンケートの内容は、今後やりたい仕事、NGの仕事、今バイトをしているかといったことや、今までの芸歴などで、事細かく書かされたそうです。

そして待つこと1時間半。やっと名前を呼ばれ、面接官のような男の前へと通されました。男は彼女のアンケートを見て、その芸歴の豊かさに感心しつつ、この編集部でプロデュースしている本や、扱っている案件について話してきました。そして最後に、男は

「君に回せそうな仕事を俺の方でピックアップしておくね！　また2、3日後に来られるかな？」と言い、彼女は二つ返事で引き受けたのです。

約束当日、その編集部へと向かうと、その日もすごい人数で埋め尽くされていました。こんなにたくさんの人を誌面に載せられるのかと疑問に思いつつも、この日も2時間、彼女は待たされ続けました。

やっと名前を呼ばれ、数日前に話したばかりの面接官らしき男の前に座ると、「あれ？えっと、今日は君なんだったっけ？」と開口一番に言われたのです。

（はぁー？　おめえが仕事ピックアップしとくゆーたんやろ？）と苛立ちながらも彼女は経緯を話しました。すると男は納得したような反応を見せつつも、まったく違う話を始めたのだそうです。

「この子知ってる？」

男が指差したのは、ギャルモデルの写真でした。彼女はまったく知りませんでしたが、「見たことはありますね」と答えました。

「実はこの子、うちが売り出したんだよ！」

男は意気揚々と話しながら、ギャルモデルの写真を数枚取り出して、この写真の中でどれが一番いいか尋ねてきました。彼女は、どれでもいいと思いつつも、明らかに1枚だけ格段に映りがいい写真があったので、それを指差しました。

するると男は満足げに頷きました。なんでも、その写真は、有名カメラマンが撮ったものであり、それ以外は写真館のようなところで撮ったものらしいのです。

そして、また新たな資料を取り出してきたのですが、そこには、某有名カメラマンの写真と経歴が記載されていました。

「この人は海外の有名俳優とか、女優とかも撮影していて、1日拘束が30万ぐらいかかるんだよ。それがね、このカメラマン俺の知り合いでね、宣材の撮影が格安でできるんだ！　何人かでまとめて撮影するから12万だよ！　しかも俺担当の子は特別でね、痩せたとか髪型変えたとかがあったら、撮り直し料金がかからないんだ。お得でしょ？」

いやいや、読モの話はどこにいったんだよ、と彼女が言葉を失っていると、男は満面の笑みで続けました。

「あ！　12万きつい？　分割も可能だからね！」

彼女は頭に来て、既に活動中なので宣材はあるし、ＤＶＤも数枚出していて素材は充分にあるので撮り直しは不要。そもそも雑誌に載る話や、ウェブサイトへのアップはいつされるのか、その話を聞きに来たのだと言うと、男はあっさり諦めてこう言ったそうです。

「じゃあ直接制作会社紹介するから、ここに電話してみてよ！」

彼女も引くに引けなくなり、その制作会社にアポをとり別日に向かったそうです。

その会社に入ると、アラフォーらしき女性が撮影中でした。どうやら制作会社というのは本当だったようです。けだるそうな担当者に呼ばれ、またしても芸名や芸歴などのアンケートを書かされます。

そして具体的な仕事の内容は一切説明されることなく、その制作会社のサイトに登録し、ログインすればいろいろな仕事があるから選んで応募するようにと言われます。

「いま何かバイトしてる？　生活大変でしょ？　シフトフリーなバイトがあるから登録だけでもしない？　タレントもいっぱいやってるし、融通きくからね！」

担当の人はすごい勢いでまくしたて、彼女は答えを言う間もなく、同じ会社の別室に連れていかれました。

「バイト探してる子連れてきたよ！」

ちげーだろ！　と彼女は思いつつも、コンパニオンか何かのバイトかなぁと思っていると、なんと携帯販売の派遣のバイトだったのです。しかも芸能活動をする余地のない固定シフト。彼女はさすがに絶句したそうです。

最近は本当に悪質なスカウトが多いですね。芸能界に憧れている人のみならず、現役のグラドルですら、こうして〝読モ〟という単語に簡単に釣られて騙されてしまうわけです。ちなみにこの現役グラドル……賢明な読者のみなさんならお気付きと思いますが、私、吉沢なのです。読モスカウトに浮かれましたが、よく言えばぽっちゃり、悪くいえば小太りの私に普通のファッション誌のモデルが務まるわけがありません（笑）。

3日も無駄にしましたが、その後、何か仕事をもらえたかというと、もちろん何もありません。私のところに届くメールは最後に連れていかれた携帯販売の派遣会社から「シフトを入れてください」という無機質なメールだけです。やっぱり世の中そんなものですよね。己を知るって大事ですね……。

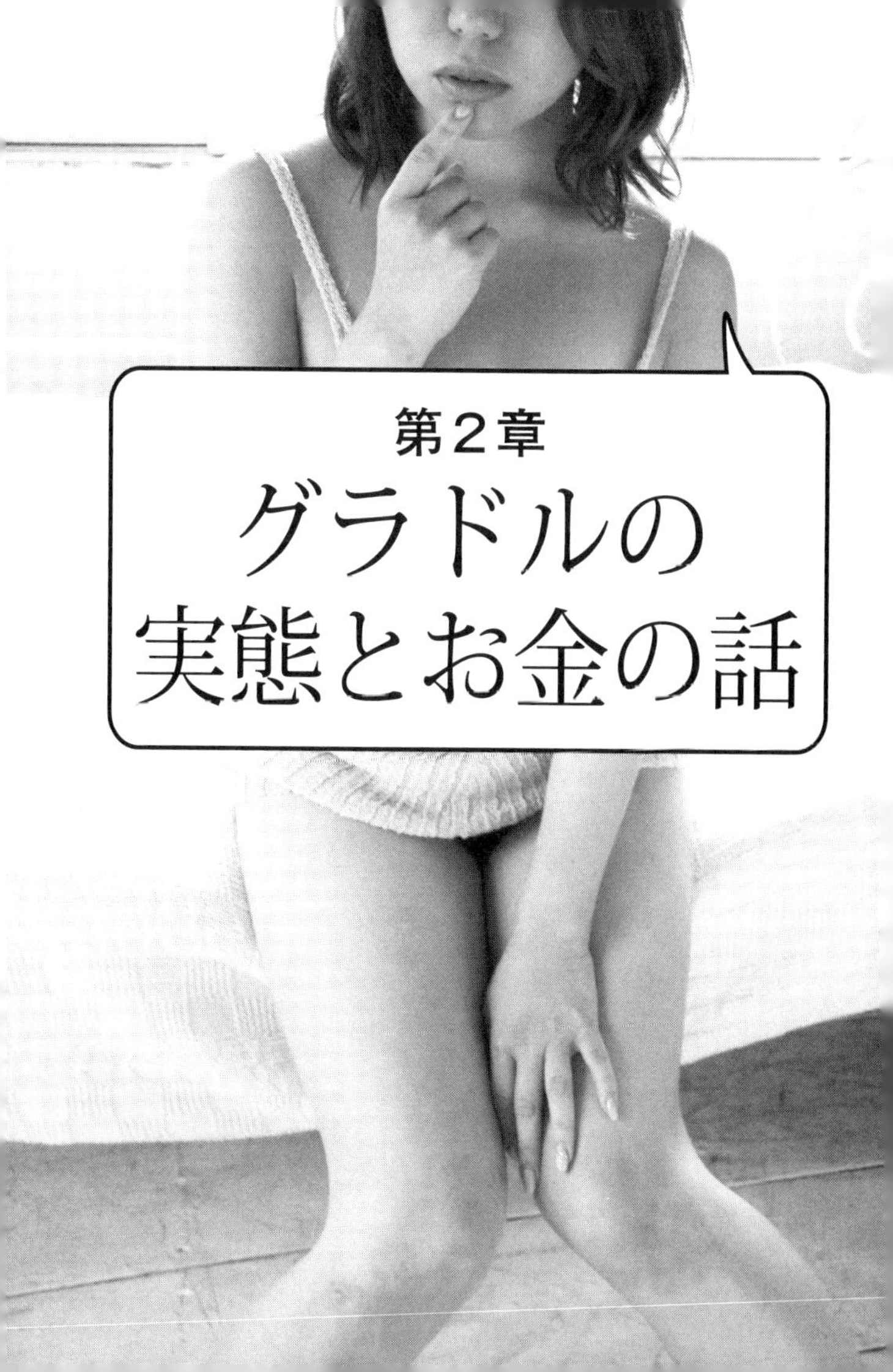

第2章
グラドルの実態とお金の話

グラドルギャラ飲みの実態

どうにもこうにも毎日の晩酌がやめられない、吉沢さりぃです。私ほどオープンにはしていませんが、グラドルの中にはお酒好きの子も多いですよ。今回は、そんなグラドルの飲み会事情についてお話ししますが、どんなタレントや芸人と飲んでるとか週刊誌に出てきそうな話ではありません。

みなさん、『ギャラ飲み』って知っていますか？　まさにその名のとおり、ギャラをいただける飲み会のことです。

たとえば、合コンや会社の飲み会なら、上司がすべて出してくれたり、男7女3ぐらいの割合で支払ったりしますよね。ところがこの〝ギャラ飲み〟は、女の子側は飲食代がタダどころか、参加するだけでギャラがもらえるんです！　こうしたギャラ飲みに誘われているのが、グラドルを中心とした女性タレントで、主催者の多くもグラドルなんです。

「どうせそんなの売れないアイドルが行くんだろ～？」なんて思われる方が多いかもしれ

ませんが、とんでもない!! 参加する子はエキストラやイベントコンパニオン、私のような売れないグラドルから某国民的アイドルまで幅広いのです。

もちろんすべての子が同じ額をもらえるわけではなく某国民的アイドルや誰もが知るグラドルで2~5万円。私を代表とするB級クラスのグラドルは5000円~1万円くらいが相場です。

ただ、お仕事につながるかもしれなかったり、誕生日になにかもらえそうだったり、自分の物販に貢献してくれそうだったりすると、1万円だったとしても知名度がある子が来ることもあります。たまたまオフで仕事がなかったら、おいしい物が食べられるし暇つぶしにもなりますよね(笑)。

参加する男性陣の職業は社長、会長、役員、業界人が多いです。開催場所は新宿、六本木、麻布などの都心が中心です。

「ギャラ飲みなんかしてないで、ちゃんとバイトしろ!」と思うかもしれませんが、芸能活動で名前や顔が売れてしまうと一苦労。ファンが職場に押しかけてくる心配もありますし、たとえ売れていなくてもいつ仕事が入ってくるかわからないので満足にバイトのシフトも入れにくいのです。かといって高収入な風俗業と兼任……なんてことをしたら、バレたときにどうなるか考えるだけで……ねぇ。

このギャラ飲みですが、実はいいことばかりではなくトラブルもあるのです。私が参加した際に遭遇したのは主催者グラドルのえげつない〝中抜き〟。

男性陣は女性陣に1万円ずつ支払っていたのに「仕事につながる可能性があるからさ～！」と言い、私達には交通費しか支払われなかったのです（白目）。これにはびっくり。飲み会終了間際に酔った男性陣の1人が口を滑らせちゃったんです。「ギャラ飲み楽しかったよ～！」と。まぁ、これは結果本来いただけるはずのギャラをもらったのでよしとしました。

その他にもトラブルは多く、実際に行ってみたら、ニセの業界人ばかりの飲み会だったとか、「盛り上がらなかったから」という理由でギャラを大幅に減らされたとか、どこぞの金持ちがいきなりクスリを始めたなんて話も聞きました。

飲み会終了後に主催者の女の子から「あの人、仕事くれそうだからさりぃ、2人で飲みにいってきたら?」と何度も勧められ不審に思ったことがありました。どうやらギャラ飲み後に参加した女の子と2人で会うと追加料金が発生するというシステムを主催者のグラドルが裏で男性陣に伝えていたのです。えぐすぎる……。

ちなみに吉沢の知人のグラドル兼風俗嬢は〝最後までオッケー〟のギャラ飲みでギャラは20万円……。飲み会中のドレスコードは全裸、いろいろなケースがありますね。

私はぶっちゃけ、ギャラ飲みはまたしたいです。仕事につながる可能性もわずかながらあるし、単純にお金がないので行きたいです!

しかし、最近はギャラ飲みすらも配給過多になり、参加したいグラドルやタレントが多すぎて、知名度や容姿で選ばれてしまうのです。「この人ギャラ飲みとかくるの!?」とびっくりしてしまう人も結構いますからね。だから私レベルはなかなか参加できません。それでもなんとか参加したい私は主催者の子にギャラ飲みで好かれる子、嫌われる子について教えてもらいました。

「まず知名度がある子は需要があるよね。あとはノリがいい子。マジックができるとか、ダンスや歌がうまいのもポイント高いなぁ～！」

私は知名度はないけど、ノリはよくてお酒飲めるし、酔えば上手くはないけど歌って踊れる！　ふむふむ……。

「嫌われる子はキャバ嬢みたいな子。素人っぽい水商売のニオイがしない可愛い子を好むんだよね～」

キャバ嬢風が一番好かれそうですが、結果は真逆でした。やっぱり飲み慣れてる方々だからキャバクラには飽きているのかもしれませんね。

これを読んでギャラ飲みに参加したくなったグラドルさん！　参加する際はいい主催者をチョイスしましょう！

そしてどなたか吉沢をギャラ飲みに呼んでくださ～い!!

グラドルのお仕事内容は？

ここではグラドルのお仕事とギャラについてサクっとご説明いたします。

まずはグラドルの一番オーソドックスなお仕事といえば、やっぱりＤＶＤ撮影！　最近は無料のネット動画に押されて購入してくれる方が少なくなり、リリースすることが難しくなってきてはいますが、グラドルといえばＤＶＤですよね。

撮影場所は都内スタジオから地方の温泉施設、沖縄や海外のリゾート地などさまざまですが、海外や地方ロケが多い子ほどＤＶＤが売れている、売れる見込みがあると思われていると考えていいでしょう。

ギャラは一概には言えませんが、グラドル本人に10万入ってくれれば悪くありません。事務所を通すと1～3万しかもらえないとかザラですからね。フリーで活躍する子の中には強気の交渉で1本50万もらったという子もいました。前回の作品より露出度をあげることで、ギャラがアップすることもあります。

私？　私は最高が16万、最低は2万９０００円です。ＤＶＤを出せるだけでありがたいので文句は言えないのですが、過激な露出をして3万円を下回るなんて泣きたくなります。

次に雑誌。ピンでの撮り下ろしのグラビアや、何人かでの撮影や企画、DVDのパブリシティ等の仕事があります。

これは断言できますが、今は本当に雑誌に載ることが難しい！　特にピンの撮り下ろしグラビアに出られる子は少なくて、中堅以上のグラドルや事務所でも「ギャラなしでも載りたい！」というケースもあります。コンビニエンスストアで大勢の目に触れるため宣伝効果が高いのですね。ピンでの撮り下ろしの場合、ギャラの相場は1～5万円ぐらいです。

何人かで撮影をする場合は、大体メインに売れている子を置いて、あまり売れていないグラドルを周りに配置することが多いです。または知名度が同じぐらいの子を数人並べる形ですね。この形の撮影の場合、ギャラは数千円が相場で、2万円出るとかなりいいほうです。

同じ雑誌に載るにしても、DVDのパブリシティの場合は基本的にはギャラは出ません。DVDの発売にあわせて、撮影時に撮った何枚かが掲載される形で、事務所側が宣伝になるからと掲載を依頼します。

そして、テレビ出演。私は地上波には数えるほどしか出たことがありませんが、すごいです！　何がすごいって何もかも！

まずテレビ局がデカい！　広い！　綺麗！　そして、こんな底辺グラドルにも1人で出演する際には楽屋が与えられ、楽屋前にちゃんと〝吉沢さりぃ様〟と書かれていました。感動しすぎて何度写メを撮ったか……。

スタジオも画面越しに見ているのとは比べ物にならないスケールです。そこに、プロデューサー、ディレクターをはじめとして、ADの方、照明さん、機材さんなど大勢のスタッフがいて、正直「この人なんの係なんだろう？」と思う方もいるほどです。

お弁当もグラビア撮影や撮影会では絶対出てこない高級なものが用意されています。飲み物もお茶だけではなく、いろいろと用意されています。これだけでもテンションが上がります。

ギャラも私なんて「ノーギャラでもいいので映してください！」というレベルなのに、3〜5万円はいただきます。拘束時間が3〜6時間程度でこのギャラは私のような底辺グラドルには破格。名のあるタレントさんはものすごい額をもらっているんだろうなぁ〜。制作費が厳しくなったと言われるテレビ業界ですが、まだまだ夢のある世界です。

最近多くなっているネット番組に関して言うと、何もかもピンキリです。大手が運営する番組だと綺麗なスタジオで、ちゃんと衣装も用意され、誰もが知るタレントも何人かきて、普通のテレビ番組と変わらないこともありますが、「ここ、誰かの家なんでしょうか……?」というくらいアットホームな場所で、まったく知名度のないタレントしか出ていない番組もあります。

ギャラは1万円いけばいいほうで、大体が数千円、または閲覧数によってギャラが変わる場合もありました。衣装も自前がほとんどです。

私がデビューした約10年前はまだ景気がよかったので、どんな仕事でも当たり前のようにメイクさん、スタイリストさんがいて、衣装が用意されていました。しかし、今は7、8割の確率で自前衣装が必要になり、メイクさんがいることも珍しいです。ひどいときはお昼も出ません。

だから最近のグラドルは活動するのにお金がかかるという状況になっています。衣装用の水着に撮影に対応できるメイク用品、それに加えてネイルやまつげエクステ、身体のメンテナンス代と出費だらけで、いつもお金のことで悩んでいる子ばかりです。

ここで書いてきたのは、あくまでフリーの底辺グラドルのギャラ相場であり、売れっ子グラドルだと同じ仕事でももっともらっている可能性はあります。

私はルックスが微妙なだけでなくアラサーという難しい状況にあるので、「何でもやります！」のスタンスでお仕事をしていますが、いつかは引く手数多な売れっ子になって「この仕事にこのギャラは見合いませんね」なんて言ってみたいものです。

グラドルのバイト事情

アラサーなのに万年貧乏な吉沢さりぃです！　２０１４年末にはガスも電気も止まり、挙句、マンションの更新料の通知まできて『地元へ強制送還？』と目眩がしました。

一見華やかに見えるグラビア業界ですが、本当に薄給。世の大多数のグラドルは、グラビアだけでは食っていけずに、バイトをしています。

最近同じアラサーグラドルと話したときは「彼氏より家賃がほしい」と頷き合ったものでした。もっとも、たとえ薄給でも、他の仕事にはない夢があるからこそ頑張れるのですが、やっぱり、家を追い出されないぐらいのお金は欲しい！

グラドルがどんなバイトをしているかというと、８割が水商売。そこそこ給料が良くて、シフトに融通がきく仕事は水商売ぐらいしかないのが実情なのです。ひとり暮らしの私もこれまでにいろいろなバイトをしてきました。

昼間はコールセンターで働きながら、夜はキャバクラだったり、クラブだったり、土日には派遣で試飲試食のバイトしたり。あと、なぜかパチンコ店勤務のアイドルも多い気がします。

私がやっていないのは風俗ぐらい。それなのに昔、ネット掲示板で池袋の風俗嬢と書かれたことをいまだに根に持っています。プレイ内容と感想だけではなく、『気持ちよかったです！』みたいなお礼まですごく詳しく書いてあったし（笑）。

でも、実際に風俗勤務がバレたグラドルもいますし、事務所の暗黙の了解で風俗をやっている子もいます。その子の場合、グラドルの仕事ではあまり脱いでいないのが不思議だったな～。

たまにグラドルのブログを見て、『この子、いい生活してるな』と思ったことはありませんか？　知名度があまりないのにやたらとおいしいものを食べていたり、ブランド物を買っていたりする場合は、スポンサーとなってくれるおじさまがいたり、グラビア以外の仕事で稼いでいると思ったほうがいいでしょう（笑）。

ふらっと入ったキャバクラで推しの子に遭遇なんていうことがあるかもしれませんね。

増加するフリーのグラドル

「どこの事務所入ってるの？」

グラドルだと言うと業界の人にも一般の人にも必ずと言っていいほど聞かれる質問です。

私は現状どこの事務所にも属さず活動しているフリーランスのグラドルなのですが、最近フリーのグラドルやアイドルがすごく多くなっています。10年前、デビューした頃はフリーランスのグラドルに1人も会ったことがありませんでした。どこかしら事務所に所属し、マネージャーさんがつくのがオーソドックスでしたし、私もそうでした。

なぜ、今、フリーで活動しているかというと、またグラビアをやりたいと思っている頃にたまたま声をかけてきてくれたマネージャーさん自体がフリーだったことが切っ掛けです。どこの事務所の専属でもなくいろいろな子に仕事を振っているということでした。

当時、私はすでに29歳。大手はもちろん門前払いだし、中堅事務所に所属しても仕事は回ってこないだろうなあと悩んでいたのです。そのような事情もあって、どこにも属さないで仕事ができるフリーという立場はすごくいいと思ったのです。

まあ、そのマネージャーさんは私を上回るズボラな性格で、ギャラの未払いや伝達ミスが多く、喧嘩別れで終わりました。それからは知り合いの方や一度行った現場の方からお仕事をもらったり、Twitter経由でお仕事をいただいたりして今に至っています。あとは業務提供という形で案件があれば連絡をくれる事務所がいくつかあります。

私が考えるフリーのグラドルのメリットは〝仕事の取りこぼしがないこと〟。直接依頼をいただけるので、できるかできないかの判断を自分ですることができます。また「今日来れる?」「明日オーディションなんだけど」などと言われてもフラットに対応できるのです。

これが事務所所属だと、まず担当マネージャーに連絡が行き、推しの子が別にいると、自分に回ってこないこともあります……(泣)。

ギャラに関してもぶっちゃけフリーのほうがいいですね。事務所にまったく抜かれない分多くもらえます。事務所に所属経験のあるフリーのグラドルは「こんなにもらえるの!」と一度は必ず思います。

私が以前所属していた某個人事務所はネットの仕事や雑誌の撮影は決まってノーギャラでした。だから私はもらえないものだと本気で思っていました。撮影会に関しても、その事務所は日給8000円と決まっていたので、乗り気ではありませんでした。

今ではきっちり撮影会スタジオと折半のことが多いので、毎月の収入源として本当に助かっています。フリーだと直でお金の交渉もするのですが、大体スタッフさんは「ギャラ少なくてすいません」と言ってくださいます。しかし、とんでもない! こんなにいただけるのかという感じです。オファーする側もフリーの子を使うほうが事務所が抜く分を支払わなくていいので、経費削減につながっているようですね。

このようなメリットがあるので、ここ2、3年でフリーのグラドルはとても増えてきているのですね。

デメリットは、〝後ろ盾がないので、トラブルがあると全責任が自分にかかってくること〟。たとえばDVDやグラビアの撮影で打ち合わせより面積の小さい水着を要求されることはよくあるのですが、事務所所属だとマネージャーがうまく断ってくれます。しかし、フリーですと自分で断らなければいけませんし、直接断るとどうしても「厄介なやつだな」とか「生意気な子」と思われがちなので、そういうときは〝マネージャーさんがいたらなぁ……〟と思います。

こんな感じで私は約2年間フリーでのらりくらりと働いていますが、最近お仕事をいただく際にフリーだと伝えると眉間に皺を寄せる業者さんが増えました。

「さりぃちゃんはフリーかぁ……。申し訳ないけど、念のために契約書書いてもらえるかな？」と言われることが多々あります。

契約書？　なんのために？　よくよく契約書を読んだらヌードになりますとか書いてあるわけじゃないよな……。

そう思ってペンが進まずにいると、業者さんはこう言いました。

「最近フリーのグラドルすごく多いでしょ？　実は現場に来ない子が本当に多いんだ。だからこっちも怖くて1つ1つの仕事で契約書を交わしたりするんだよ」

ま、まじかぁ～!!　そんな馬鹿者がいるとはけしからん（怒）。

「でも、なんでやりたい仕事のはずなのに、バックレてしまうんでしょうか？」

私が聞くと業者さんは苦い顔で答えます。

「ギリギリまで連絡が取れていたのに急に来ない。遅刻します！　と連絡が来たのに折り返したら着拒。体調悪いから休みますと言っているのに、平気な顔してTwitterを更新しているような子が多いんだよ」

私は開いた口がふさがりませんでした。この配給過多なグラドル業界で売れてもいないフリーのグラドルが仕事を飛ばすって一体どういうつもりなんでしょうか。

メリット、デメリットありますが、私自体はフリーのグラドル活動を満喫しているので、この働き方は自分に合っていると思います。事務所に所属していると売れない理由を事務所のせいにできますが、フリーだと良くも悪くもすべて自分次第ですから。今まで複数の事務所を渡り歩いてきましたが、どこでも一推しにはなれなかったので、早く売れているんな人をギャフンと言わせるのが私の夢の1つです（笑）。

NG項目はどう決まるのか？

前に少し書いたようにグラビア撮影にはNG項目というものがあります。

たとえば、あるグラドルにとってはTバックはNGとか、別のグラドルにとっては手ブラはNGなどと個別に決められているのです。

私の場合、上半身は生乳を手で隠す「手ブラ」まではOK。下半身は、紐のTバックはNGでお尻の割れ目は3分の1程度までと決めています。内容は、大人のおもちゃやバナナ、ソーセージを舐めるのはNGで、アイスを舐めるのはOKです。

清純派のグラドルの場合、TバックNG、下乳もNG、バナナなんて論外！　なんてケースもありますし、セクシー路線で売り出している子だと、透け乳首や磨りガラスに胸を押し付けるのもOK、手パンツ（ノーパンで下半身を手でうまく隠すポーズ）もアリというケースもあります。

他にも、大人のおもちゃはOKだけど、喘ぐのはNGという子もいます。グラドルによって、事細かく契約内容が決められているのです。

こうしたNG項目がいつ決まるかというと、メーカーや事務所によって違うので一概には言えませんが、たいていの場合、DVDの制作会社に面接に行ったときです。

そこで「手ブラ」や「玩具」などと羅列されたチェックシートを渡され、それができるかできないか、グラドル本人とマネージャーがチェックしていくのです。

注意欄もあって、そこにポーズや角度のNGがあれば書き込みます。しかし、これだけやっても、万全ではありません。たとえば、「マイクロビキニ」はOKだったとしても、人によってはビキニが小さすぎると、見えてはいけないものが見えてしまったりするので、面接時にはいくつか水着を着て試してみます。そしていざ、撮影となるわけです。

私が今まで経験した中で一番驚いた面接の話をしましょう。

チェックシートに書き込んだ直後でした。スタッフさんがおもむろに大きな袋を持ってきたのです。いったい何が出てくるのだろうかと見ていたところ、出てきたのは、大量の大人のおもちゃ！　チェックシートには、はっきりと「大人のおもちゃはNG」と書いていたにもかかわらず……です。「これ、いったいどうやって使うんだ？」と突っ込みたくなるようなモノも中にはありました。

私がきょとんとするなか、スタッフさんは、そのおもちゃをテーブルの上に並べ、謎の説得を始めたのです。

「こういう普通のバイブや電マは嫌かもしれないけどさ、こっちのおもちゃなら小さいし形もかわいいから大丈夫じゃない？　おもちゃだってわからないよ！」

いやいや、見る人が見て、振動音がすれば、よほどの馬鹿でない限り、おもちゃだってわかるでしょう！（笑）

どんなモノであれ、できないのでお断りすると、後日、DVD出演のお断りの連絡がきました。出演は、おもちゃ必須だったようです。まあ、しょうがない！

こうした面接では、私を含め、辛い思いをするグラドルが多いです。「君の年齢だったら、その程度のこともできないなら売れないよ」と突きつけられるのです。前作のDVDが売れていなければ、こちらとしても強いことは言えません。

でも、厳しいことを言われて面接中に泣かされるぐらいならまだいいほう。アコギな事務所の中には、所属タレントが新人で何も知らないのをいいことに、マネージャーが勝手に制作会社と話を進めることもあります。

そういう場合、撮影当日、何も知らない女の子は過激な内容の撮影を強いられ、「こんな話聞いていない」と泣いてしまいます。片や制作者側は「事務所とは契約している」「やってくれなきゃ困る」の一点張り。

私も以前、TフロントNGなのに撮影日当日にはちゃっかりTフロントが用意されていて、毛の処理もしていないし、履きたくないしで泣きわめいて変えてもらったことがあります。毎回ロケについてきた社長がそのときはいなかったのでわかっていて来なかったのでしょう。恐ろしい話ですね！

こんなことが日常茶飯事にあるグラドルはよほど根性があるかドMじゃなければ続けられない仕事なのかもしれません。

不透明すぎるグラドルのギャラ事情

グラドル業界のギャラはとにかく不透明。事務所が女の子に提示した金額の何分の1かしか振り込まれていなかったなんていうのはよくある話です。たまにマネージャーがいくらで引き受けた仕事だったのか口を滑らせ、「えっ！　そんなに抜いていたの？」と仰天したこともありました。これは、私がフリーで活動し始めた頃に体験した後味の悪い仕事のお話です。

当初、そのDVDの仕事を受けた際は、「安いけれども必ずギャラはお支払いします」という話でした。しかし、撮影撮影では、NG項目がしっかりと先方に伝わっていなかったことから、現場はピリピリムードになりました。

そして、この撮影ではNG項目をめぐって布数センチの仁義なき攻防が繰り広げられたのです。私のほうとしては、「ここまでやりたくない」と思っているけれど、DVD制作者としては「売るためにここまではやってほしい」と考えているんですね。

たとえ自分の印象が悪くなってしまったとしても、NG項目を変えてしまうと今後のグラドル活動にも支障が出てしまうため譲れません。なんとか折り合いをつけ、撮影をしました。しかし、撮影時、私ともう1人の子が同時進行だったのですが、私の撮影時間は明らかに短く最後のほうはカメラマンは私と口もきいてくれませんでした。

撮影の翌日、私をマネージメントしてくれていたマネージャーさんから連絡があり打ち合わせすることになりました。前に書いたズボラで最終的に喧嘩別れしたフリーのマネージャーさんです。彼は困った顔でこう言いました。

「いやあ、まいったなあ。こんなことは初めてなんだけど、制作側から大クレームがきているよ。君が頑張るって言ったからＤＶＤを決めてやったのに、この内容なら他の子に差し替えて発売中止にしたいってさ。中止だったら当然ノーギャラね」

私もこのときばかりは制作者の意に沿うことができず、申し訳ない気持ちでいっぱいになりました。販売中止でノーギャラになるなら仕方がないと思いました。しかし、後日、マネージャーから「内容はチェックしといたよ」と連絡が入り、そのＤＶＤが発売されることを知ります。

そこで急に不安に駆られました。NG項目をめぐってぎりぎりの攻防が繰り広げられたあのときの撮影はかなり過激に撮っていたはず！　乳首は隠れているのか、あっちのほうも問題ないのか、など心配すればキリがありません。

仮に乳首でも出ていようものならば、今後は乳首OKグラドルとして認識されてしまう。私も必死でした。毎日、ストーカーばりにメールや電話をして、私にも確認させてほしいと言いましたが、すべてスルー（汗）。どうなっているんだ！

結局、発売ギリギリまで粘りましたが、映像チェックもなければサンプルすら1枚ももらえませんでした。しかも、ノーギャラ！

周りに相談したところ、「出来が悪いからノーギャラなんて初めて聞いたよ」と呆れられるばかり。事務所に所属せずに預かりだったこともあり、舐められていたのかもしれません。

そこそこ激しく脱いだのに、制作者やマネージャーから怒られ、発売したというのにノーギャラ。なおかつ、みんなに憐れみを受けてしまうというオチ付き……。まったくいいところのない話でした。

サバイバル系イベントの生々しい話

私がグラビア活動を再開して、一番びっくりしたのが〝サバイバル系イベント〟の存在です。何度説明を受けてもイマイチ腑に落ちなかったのを今でも覚えています。

このサバイバル系イベントが何かというと、要は勝ち抜きイベントで1位または上位に入れば何かしら仕事がもらえるというものです。いただける仕事は雑誌の撮り下ろしグラビア1ページやネット番組の出演権、大きいものだと地上波の番組出演権、ミス◯◯という称号ももらえたりします。

大体数週間～数ヶ月にわたり、撮影会やライブチャット、Twitterの写真投票、オリジナルグッズの販売などをして、総合的な売上を出し、運営やクライアントの協議を経て順位が決まります。まぁ、要は課金ですね（キッパリ）。

撮影会に来た人数、売れたチェキの枚数、ライブチャットでの課金ポイント、グッズをいくら売り上げたか……。つまりどれだけファンの心と財布を掴めるかが勝ち抜くポイントなんです。

私が最初にサバイバル系イベントに参戦したときは私もファンの方も勝手がよくわかっておらず、また普通にしていても上位だったので、正直舐めていました。いろいろと思い知ることになるのは大きいサバイバル系イベントに参加したときです。

まず拘束日数が多すぎる！　一例ではありますが、書類審査に始まり、カメラテスト、予選、セミファイナル、本線と道のりが長～い。そして大きいサバイバル系イベントになればなるほど、ギャラが安～い（泣）。

その上、大体本戦になるまでギャラは出ません。本戦でも、ファンの方が何十万円使おうが何百万円使おうがギャラは固定がほとんど。撮影会で1万円、チャットで５０００円ぐらいが相場です。もちろん交通費も出ないので、バイトなしでは暮らせない私のようなグラドルにはかなりきついのです。

勝ち抜いて仕事につなげたい気持ちはありますが、正直予選から本戦ラストまで普通に撮影会やライブチャットをやってギャラ折半もらえたら……と考えるとやるせなくなってしまいます。

ギャラだけでなくサバイバル系レースの辛い点はなんと言ってもメンタル面です。撮影会はレースに参加している女の子が一斉に会場に出るのですが、お客さんは誰を撮影しても構わず、最後に推しの子に投票する形になっています。すると、ここで行列ができる子とまったく並ばない子が生まれます。誰も並ばなくてもその場にいなくちゃいけない。これは地獄ですよ。

チャットに関しては売上は演者たちに一応見えないようになっていますが、お客さん側にはグラフが提示されていて、ご丁寧に「君の今の売上は○○円で○位だよ」と教えてくださる方がいらっしゃるので、知りたくなくても自分が下位なことはわかっていました。

またどうしても〝皆で仲良く和気藹々〟という雰囲気になることは難しく、意地汚いことをする子もいました。撮影会は大体午前中から夕方過ぎまで一日中やるのですが、某グラドルのAちゃんは午後の部で「あれ!? いたの!?」とファンの方に驚かれました。「朝からいるよ」と伝えると、ファンの方は驚き、話し始めました。

そのときの撮影会はスタジオがいくつかあり、何人かずつにわかれていたのですが、初めてスタジオにきたファンの方は勝手がわからずに近くにいた他のアイドルにAちゃんはどこのスタジオにいるのか聞いたそうです。すると「今日はお休みですよ」と答え、ファンの方がAちゃんに買ってきたお土産をちゃっかりもらい、自分を撮影させていたそうなのです。

それを聞いたAちゃんは激怒。なんとそのグラドルとは撮影会が始まる前に楽屋で隣同士になり仲良く話していたそうなんです。だから休みでないことは知っていたはずなのに、女って怖い……。

そしてサバイバル系レースで最近よく聞くのが〝自腹を切る子〟ですね。

サバイバルで勝つために愛人を数人作り、大金を使わせ優勝したのはいいけれども、ルックスやポテンシャルが冠を与えるには相応しくなく、運営側が受賞させることを相当しぶったという話も聞きました。

また知人に100万円近く〝サクラ〟としてチャット番組に課金させたのにグランプリが取れなかったという笑えない話もありました。そんな私自身もぶっちゃけ何度か自分に課金しました（爆笑）。

どうしても本戦に進みたくて、自分の水着写真のデータを爆買いしましたが、結果負けました。これに関しては負けてよかったかな。自腹を切れば勝てると味をしめていたらファンを増やすよりもバイト頑張る方向に行きかねませんからね。

仮に課金して勝ったとしても、結局のところ、実力や本当の人気がなければ枠や冠をもらったとしても、その場限りで終わってしまいますよね。


ただサバイバルは悪いことばかりではありません。いいこともあります！

まずファンの方との絆がかなり深まります。長期間にわたって同じゴールを目指してファンの方と共同作業ができるのはサバイバルぐらいでしょう。DVD発売のイベントや普通の撮影会では体験できない濃い時間を共有することができます。

また、数少ないですが、本当に仲良くできるグラドルの友達ができることもあります。苦楽をともにしたといったら大袈裟かもしれませんが、サバイバルがキツければキツいほど、終わってからの会話に深みが出ます。「あのときは、本当に大変だったね」と。

あとはサバイバルを通して推し変するファンの方もいるので、ファンを獲得するチャンスは大いにあります。まあ、逆に自分のファンが減るおそれもあるので戦々恐々なんですけど。


私はいまだにたまにサバイバル系レースに出ています。理由は単純でなんだかんだで競うのも楽しいからです。

しかし、出演を決める際は、レース期間の拘束日数、ファンの方の負担、私へのバックの割合、そして勝てる可能性がゼロではないことを考慮してからにしています。これをクリアしている案件は負けたとしてもマイナスではないと思っています。ファンの方も「さりぃさん、コスパのいいサバイバルに参加オナシャス！」とか言ってくれますからね。

推しのアイドルがいるサバイバル童貞のみなさん、一度くらい体験してみてはいかがでしょうか？　ハマっちゃうかもよ？

楽屋盗難

グラドルに限らずたまにTwitterで〝楽屋で物を盗まれた〟〝職場でお財布からお金がなくなった〟などのツイートを見かけませんか？　実は楽屋盗難の被害に私もあったことがあるのです。

あれは忘れもしない1年半前の夏。当時よく行っていたスタジオでのことでした。私はシルバーアクセサリーが好きで中でもクロムハーツが大好き。毎日かかさず、2つのクロムの指輪をしていました。その撮影の際もつけていたのですが、衣装チェンジが何度もあり、可愛らしい衣装のときは合わないなぁと判断して外していたのです。

そして、撮影が終わり、楽屋の自分の席に戻ると……ないんです!!　2つあったはずのクロムの指輪が1つしかないんです。それぞれ3万円と10万円だったんですが、10万円の方がない（号泣）。

私は半狂乱で身の回りのものをひっくり返し、他のグラドル達も一緒になって探してくれましたが、どこからも出てきません。「どうせなら、3万のほうを持っていってほしかった……」と呟いていると、1人のグラドルが言いました。

「え!?　あの指輪そんなに高いの？」

そうなんです。クロムなどのシルバーアクセサリーは好きな子以外にはどれぐらいの値段かわからないことが多いのです。ずっとしょげている私に、他のグラドルが言いました。

「なんか、さりぃちゃんと同じようなアクセつけてる男のスタッフが今日はやけに多くなーい？」

た、確かに！　何のためにいるんだかわからない（↑失礼ですが）男性スタッフが何人もいて、楽屋に自由に出入りしていたのです。何の証拠もない、疑ってはいけない。でも、価値がわかる人がいたからこそ、10万円のほうの指輪がなくなったんじゃないか、という考えが頭をよぎりました。

出演者がだんだんと帰り始め、私は責任者に「すごく大切な思い入れのある指輪が楽屋でなくなってしまい……。申し訳ないのですが、安いものでもないので持ち物検査をしていただけないでしょうか？」とお願いしました。最初は聞き入れてもらえませんでしたが、撮影で離れた約15分間になくなったこと、2つの指輪のうち、高いほうだけがなくなったこと、今日はいつも見かけないスタッフの出入りが激しかったことなどすべてを話しました。責任者はあまりのショックで動揺している私を申し訳なさそうに見ながら、こう言いました。

「ごめんね……。でも、大ごとにはしないでほしいんだ。今日いた外部スタッフの中に、アイツだろうな、というやつがいる。それは俺からちゃんと話をつけて、さりぃちゃんに返ってくるようにするよ。だから返ってきたら、〝やっぱり盗んでた〟じゃなくて〝私の勘違いでした！　見つけてくれてありがとう〟って対応してくれるかな？」

確かにこれ以上、騒ぎ立ててもまったく関係ない共演者やスタッフに不快感を与えるだけ。返ってくるなら問題ないと思い、「約束します。よろしくお願いします」と伝え現場を後にしました。

それから約1ヵ月が過ぎ、何回か問い合わせましたが、なんのリアクションもなく私も指輪を諦めざるを得ない状況になりました。

更に数ヵ月後、同じ現場での仕事があり、久し振りに向かうと、指輪を返すと約束した責任者はいなくなっていました。

落胆しましたが、よくわからない外部スタッフの出入りは一切なくなり、貴重品の管理システムが整っていました。私の事件がキッカケになったのかはわかりませんが、いい環境づくりのために無駄にはならなかったのかなと思いました。

その後、某有名グラドルのブログを見ているとき、「なくすと周りに迷惑がかかるから、撮影時にアクセサリー類はつけていかない」と書かれていて私はハッとしました。盗られた私だけが被害者ではないのだと。「指輪がない！」と騒いだことで共演者やスタッフの中に不快感を覚えた方もいたはず。そもそもそんな大切なものなら持っていかなければよかったんです。

私程度のグラドルは掃いて捨てるほどいます。「吉沢はいろいろうるせえからもう呼ぶの止めよう」と言われず、またお仕事をいただけただけありがたいと思い、高い授業料だと受け止めました。そして、またまったく同じクロムの指輪を買いました……。もちろん、ローンで（爆）。

Twitterでファンに愛人話を持ちかけられた

ここ10年ぐらいで、すっかりグラドル業界も変わってしまいました。以前はグラドルとファンの距離感がある程度保たれていたように思いますが、今はすごく近い！

その要因がグラドルの数が多過ぎて配給過多なことと、TwitterなどのSNSが普及したことでしょうか。先ほどお話ししたようにサバイバル形式の撮影会やチャットに参加する際はとにかくファンをたくさん呼ばなければ勝ち残れません。そこでみんなTwitterを宣伝の場としてフル活用しているのです。

またクライアントによってはTwitterのフォロワー数を見て、キャスティングの材料にする人もいます。ファンの方が考える以上にフォロワー数は大事。なんとか数を増やすためにみんなとにかく必死になっています。有名な子と現場が一緒になると写真を撮りタグ付けさせてもらったり、グラドル同士で仲良くなって、相互フォローする子も結構多いですね。

しかしこの Twitter というのが曲者なのです。気軽に呟くことができて、ファンのリプにもすぐ返せるので重宝されてはいるのですが、今は相互フォローをしていなくても直接DMが送れる仕組みになっているのです。つまり連絡先を交換しなくても密なやりとりができてしまうのです。

とある仕事で一緒になった一回り年下のアイドルのお話をします。

彼女のところに突然ファンからDMがきました。内容は、『僕は毎月いろんなアイドルに150万は使ってるんだ。君にもいっぱい貢献してるよね？　でも君自身はたいして給料ももらってないよね。DMじゃなくて、直接連絡取ってくれるなら毎月30万払うよ』というものでした。

これって愛人ってこと？　彼女はそう考え、返答に迷いました。結局、怖くなったので、その誘いは断ったのですが、ファンもそれで諦めず、撮影会に直接現金を持って現れたのです。額は10万円。かわいらしいレターセットのお手紙とともに……。

私だったらお金をもらっちゃった上で、うまいこと体の関係はかわしていたのかもしれませんが（笑）、慌てたそのアイドルはとっさにマネージャーに渡しました。マネージャーには「現金はもらえないから、僕から返しておく」と言われたみたいですが、本当に返したかはいざ知らず、「多分マネージャーさんが横取りしちゃったんだと思います」と悔しそうに言っていました。

この手の話は他にも聞きます。昔よりもアイドルとファンとの距離が近くなったことで、ファンの中にはアイドルを見ているだけでは飽き足らず、「自分のものにしたい」と考えてしまう人が多いようです。

実際、数人のアイドルを囲っている超お金持ちの人もいるようです。そんな彼の愛人になると、月１００万円はかたいのだとか！　尾ひれもついていて、どこまで本当の話かわからないですが。

グラドルは薄給なので、そんな愛人話にひかれる気持ちもわからないでもありません。でも、そもそも私のところには、お誘いが来たことすらないのは、なぜなんでしょう？（白目）

ちなみに、この記事をご覧になって、同じようにアイドルにメッセージを送り、警察沙汰になったとしても一切責任は持ちません（笑）。

ファンからもらった恐るべきプレゼント

これまで書いてきたようにとにかく薄給なグラドルは、撮影会やイベントでファンの方からいただけるプレゼントや差し入れは本当にありがたいのです。それで生き延びている子も少なくありません。

私が今までにもらったプレゼントの中で嬉しかったのは、手紙をはじめ、大好きなクロムハーツのアクセ、私の手作り写真集、水着、衣装、お酒、花束、スターバックスのカード、ボディクリーム等美容に関するもの、他のアイドルのDVD（勉強になるのです！）などです。あと、かなりイレギュラーですが、たまに数千円チャージしてくださっているPASMOもいただきます。今はコンビニやショッピングセンターでも使えるので、とても助かるのです（涙）。

「やっぱりグラドルはいい思いしてるなぁ～！」なんて思ったあなた！　それは大間違いです。良いプレゼントもあれば中にはとんでもないプレゼントもあるのです。

友人のグラドルの中には、30万円以上するブランドバッグや100万円以上する時計をもらった子もいます。これは嬉しいといえば嬉しいですが、額が大きすぎて少し怖い気もしますよね。ありがたく受け取る子もいればマネージャーを通して返す子もいます。たまに推し変(←推してるアイドルが変わること)すると「あげたプレゼント返せ！」なんて言ってくるファンもいるらしいです。

また自分の家の合鍵と地図を他のプレゼントと一緒に渡してきたり、自転車や車をプレゼントするから、「○月○日○時に自宅に取りにくるように」なんていうこともあります。

それからコアなファンの方に地味に多いのが婚姻届……!!　自分の項目をすべて記入し、保証人欄もすべて埋めてプロポーズしてくる方もいます。これをずっとシカトしていたグラドルは事務所に「俺の親といつ会うんだ！　結納はどうするんだ！」というクレームが来てびっくりしたと言っていました。

婚姻届と同等にたまに聞くのが預金残高のコピーのプレゼント。しかもその預金残高は何百万とか何千万とか高額ばかり！　そりゃ数万や数十万の預金残高見せられてもコメントしにくいですもの。

実際にイベントや撮影会で本物の通帳とか印鑑を持ってくる人もいます。「俺の気持ちはこれぐらいある！」と。さすがにマネージャーが丁寧にお断りするのですが、私なら数千万の通帳見せられたらコロッといきそうです（笑）。

あとは、「愛人にならないか？」「ＬＩＮＥ　ＩＤ教えて」と書いた手紙と現金のプレゼント。マネージャーに隠れてもらう子もいれば、先ほど書いたようにマネージャーに「返しとくわ！」と言って没収された子やなぜかマネージャーと山分けした子もいました。

その他に私は可愛いベビー服をもらったことがあり、「ありゃ、人妻と間違われてんのかしら？」なんて思っていると「早く僕たちの子ども作ろうね♡　さりぃちゃんみたいな巨乳の女の子が欲しいな」というメッセージ付きで言葉を失いました。

そして何より困ってしまうのが、手作りの食べ物。手作りのデコレーションケーキにおにぎり、サンドイッチ……。確かに嬉しい……嬉しいんですが……初見のファンの方からの初プレゼントが手作りだと、〝中身〟が気になります。

というのも、ごく稀ではありますが、ご自身の白いものをプレゼントしてくる方がいらっしゃるんです（白目）。

まだデビューしたての頃、ファンの方にいただいたものに、大きな紙袋にしっかり包装された柔らかいものと、固いものがありました。イベント終了後、当時のマネージャーとそれを開封していくと、普通の食パンと、見たことのない柄のビンが出てきました。

変なプレゼントだなぁ～と見ていると、手紙には「朝ご飯にどうぞ！」と書かれています。のんきな私はなんだかわからず、ビンの中に入ったものを練乳かなぁ？　と眺めていると、マネージャーが「……これ精子じゃん！　やばいよ！」と声を上げたのです。私も思わずビンを手から離し、すぐに手を洗いました。イベント自体は盛り上がりましたが、帰り道の私達は無言でした……。

グラドルを脅かすストーカー被害

ブログ、Twitter、インスタグラム、Facebook……。さまざまなSNSを使って、仕事のこと、日常のことをグラドルは更新し、仕事やファンの獲得に励みます。

毎日推しのグラドルや気になるグラドルのSNSをくまなくチェックしていれば大体この沿線に住んでるんだろうなぁとか、いつもこの飲食店に立ち寄ってるなぁなど、多少の生活パターンは見えてくるはずです。

全国に何百店舗もあるコーヒーショップでも、お店の外観や写真に写り込む背景で、「あれ？　これはもしかしてあそこの店じゃないかな？」と自分が通っている店と同じだということに気づくこともありえない話ではありません。

実際たまたま徒歩５分圏内にファンの方が住んでいたこともありました。こういった偶然であればなにも問題ありません。ただそれが偶然ではなく必然だった場合どうでしょうか？

今は貧乏ながらもセキュリティの整ったマンションに住んでいるので大丈夫ですが、以前アパート住まいだった頃にストーカー被害に遭いました。

ある日、自宅にファンレターが届きました。内容はいたって普通でとても感じのいい文章。特に何とも思いませんでしたが、届く頻度が短くなっていき、「あれ？　なんでうちに直接くるんだ？」とおかしく思い、当時の所属事務所に確認しました。

すると、社長はまったく知らないとのこと……。確かに今までも事務所宛に届いたファンレターはまとめて直接もらっていました。気をつけるように社長に注意されました。

そして、数日後ファンレターがまた直接届きました。安アパートでドアにポストがついてるタイプなのですぐにわかるのです。怖いなぁと思いつつも、カーテンをこっそり開けて外を見ると、見たことのあるバイクと後ろ姿が！

なんとファンレターを直接届けていたのは当時のバイト先の人でした（白目）。私はあまり話したこともなかったのですが、どうやら私がグラビア活動をしているのを知ってて、バイト先からつけてきたようでした。「あの～、この前うちの近所いませんでした？」と軽く聞いた翌週彼はバイトを辞め、私の家にもファンレターは届かなくなりました。

他のグラドルもイベントに来たファンから、完全にプライベートの盗撮写真をごっそりもらったとか、仕事帰りに最寄駅で待ち伏せされ「今日は帰り遅いね」などとツイートされて怖かったという話もありました。しかし、こんなのはまだ序の口で、もっと怖い話がありました。

某グラドルは数ヵ月に一度、下着と水着をまとめて捨てていました。彼女がいつものように下着を捨てた後に、それを持ち去る男を同棲していた彼氏が発見したのです。犯人が誰か気になり、後日ワザとまとめた下着を捨てたところ、まんまと罠にハマり盗みにきた男の正体がわかりました。

男は彼女の元ファンでした。男は彼氏と同棲し始めた時期から彼女のイベントや撮影会には一切来なかったそうです。恐らく大分前からストーキングをはじめ、下着以外のゴミも盗んでいたと思われます……（怖）。

ファンの方に親近感を持ってほしい反面、オープンにしすぎると自分が痛い目を見てしまうこともあるので、場所が特定できるツイートを控えたり、本当によく行く場所をSNSに書くことを控えているグラドルは多いです。重大犯罪につながる危険性もあるので、自分をアピールできる一方で情報というのは本当に怖いものだと思います。

余談ですが、友人の男性アイドルグループのオタ（女）はすごくタイプのアイドルを見つけ、SNSをくまなくチェックし住んでる場所を特定し、近所に引っ越し、よく行く店、コンビニに張り込み、「よく会いますよね〜？」と逆ナンし、なんとそのまま付き合いました（笑）。もちろん、ファンだったこと、自分がオタなことは「墓場まで持っていく」そうです。こ、これは明るいストーカーだからいいのかな？（悩）

グラドルの撮影会ってどんなところ？

撮影会って聞いたことありますか？　一度でも、グラドルのＳＮＳを見たことがあれば耳にしたことがあると思います。撮影会とはその名の通り、〝アイドルを撮影する会〟です。雑誌やＤＶＤやテレビでしか見ることができなかったグラドルを直接撮影できて、交流できるファンにとっては夢のような機会なのです。

撮影会には個人撮影会と団体撮影会、セッション撮影会というものがあります。

個人撮影会は現場のスタッフを除くとグラドルと１対１で撮影することができるもので、団体撮影会は１人のグラドルを会場の規模にもよりますが、５～20人ぐらいで同時に撮影します。そしてセッション撮影会は、同じ会場で同時に５～10人ぐらいのグラドルが出演し、いろいろな子を撮影できるものになっています。

参加にかかる費用は出演するグラドルやスタジオにもよりますが、個人撮影会の場合は１時間８０００～２万円。団体撮影会の場合は30分～１時間で３０００～６０００円、セッション撮影会は3000~5000円がおおよその相場です。

カメラは持参がほとんどですが、スタジオで貸し出してくれるところも多く、またコンパクトデジタルカメラやインスタントカメラでの参加も可能です。携帯電話での撮影だけはNGとしているところが多いですね。

推しのグラドルに会いにいきたい！　でも撮影会ってどんな人が来るの？　どんな場所でやるの？　初参加はハードルが高い！　という意見もよく聞きます。

撮影会の衣装は大体水着か私服、コスプレが多く、リクエストもできます。ただし撮影会会場によっては下着はおろか、Tバック水着や小さすぎる水着がNGだったりします。「吉沢さん！　下乳出すぎですよ！」と会場の方に注意を受けたこともあります（笑）。ポーズに関しても〝自分のNGはNGでいい〟というスタジオがほとんど。M字開脚の撮影がOKな子もいれば、だっちゅーのポーズを嫌がる子もいます。また、撮影会の参加費用プラスオプション料金を支払えばTバックが可能になる子もいます。ってなんだか風俗みたいですね。

基本的に撮影会は露出が高く、ポーズ規制がない子のほうが人気があるのは否めません。

参加費用は安くないので、どうせなら〝イロイロ〟撮れる子のほうがいいという方が多いようです。

セッション撮影会の場合は同じ時間に女の子が６人出ていたとして、お客さんが30人いたとします。極端な話、お客さんが20人並ぶ子もいれば１人も並ばない子もいます。そのため過剰露出する子も稀にいます。私も人気がないのでまさにその必死なグラドルの１人です（爆）。

撮影会のギャラは基本的にスタジオ側と折半になっていて、撮影会がちゃんと埋まればそれなりの額をいただけます。たとえば1時間1万５０００円の個人撮影会に１日６人が参加してくれたとすると、４万５０００円いただけることになります。撮影会だけで食べていけるグラドルもいるぐらいです。

撮影会イベントでは赤外線カメラに注意！

このお話しは、ある大型イベントに参加させていただいたときのお話です。

私はそのイベントに初参加でかなり緊張していたこともあり、経験者のグラドルに心得を聞いてみることにしました。すると、開口一番彼女はこう言いました。

「アルミホイルを絶対忘れちゃダメだよ！」

え……アルミホイル？

ネタかと思い、彼女にツッコミを入れたのですが、どうやら本気だったようです。

「どんなカメラでどんな人に撮られるかわからないし、赤外線カメラだと全部透けて見えちゃうからね」


イベントや撮影会などで露出が高い衣装や水着を着用する場合、たいていの場合、水着の下にアンダーを履き、胸にはニプレスといって、乳首を隠すものを貼ります。ヌーブラみたいなものもあれば、丸い絆創膏のようなもの、最近はキャラクターが書かれた可愛いものまで出てきました。

ところがどっこい、彼女いわく、超高性能の赤外線のカメラだと、全部透けて見えてしまうのだそうです。でも、アルミホイルがあれば赤外線をシャットアウトするから守ってくれるのだとか。アンダーの下にも、ニプレスの下にも、絶対アルミホイルを入れておくべきだと教えてくれました。

そこまでやらなきゃいけないの？　と絶句しましたが、グラビア活動でかたくなに、乳首を守っているのに、そんなところで流出してしまったら意味がありません。念のためアルミホイルを買って帰りました。

上も下もバッチリとアルミホイルを入れて臨んだ当日。私はアドバイスしてもらってよかったと心から思いました。というのも、お客さんの数がとんでもなく多く、見たこともないような高性能のカメラを持っている方がたくさん見受けられたのです。

たとえば、シャッターを押してからすぐに撮れるのではなく、ゆっくりとレンズの上から下に向かって赤いグラデーションが流れるようなカメラがあったり、さまざまな形のレンズで何色もの色に発光するカメラがあったり、更にはフラッシュが眩しすぎて目を開けられなくなるカメラがあったり……これは怪しすぎる！

本当に赤く光るカメラが多くて、このときほどアルミホイルに感謝したことはありません。仮に、赤外線カメラで私を撮影した方がいたとしても、私の大事な部分は何にも映っていませんからね（笑）。

普段、撮影会やイベントに会いにきてくださるのはマナーのいい方ばかり。それは少なからず私のことを好いてくれていて、気を使ってくれているからなのでしょう。それが当たり前だと勘違いしてしまっていたら、痛い目を見るところでした。

自分の乳首は自分で守らないと……!!!

グラドルの盗撮危機

赤外線レンズのカメラから身を守るためにアルミホイルを使うのは、あくまで外部の人間から身を守る手段であり、自己防衛にすぎません。

しかし、実は敵は外部だけではなく、身内にもいたのです！　これは私が聞いた芸能界の話の中でもかなりゾッとした話です。

グラドルは、撮影会などのイベント前には控え室に入り、メイクをしたり、着替えたり、ご飯を食べたりします。スタジオや会場では、本番の張り詰めた空気が漂っていますが、控室ではみんな終始リラックス。中にはムダ毛の処理をしている子までいるぐらいです。そこに大きな落とし穴がありました。

なんと！　控え室に隠しカメラが仕込まれていたのです。着替えの様子を撮られているだけではなく、たとえば、恋人の話だったり、エグい下ネタの話をしていたら、その会話もバッチリと録音されてしまいます。

そんなカメラや盗聴器を仕込んでいるのは、所属事務所だったり、イベント関係者だったりします。なぜ、彼らは盗撮するのでしょうか？

所属事務所が犯人というケースの場合、そのグラドルが事務所を辞めて他事務所に移籍しようとすると、〝戒め〟として流出させ、再出発を邪魔するためでした。

事務所移籍のトラブルというのは、どの事務所でも発生する問題です。仮にグラビアアイドルとして活動しているタレントが全裸の動画を流出させられてしまうと、そのグラビア活動の価値が急落してしまいます。こ、怖い……。

実際、私の友人のグラドルで画像流出被害にあった子がいましたが、それが原因で芸能界を引退せざるを得なくなりました。これまで私が所属した事務所や現場では絶対にありえない事件だっただけに、この話を聞いたときには寒気がしました。そして、これ以降、私は控室では全裸にならないように気を付けるようになりました。

もっとも、これはグラドルに限らない問題かもしれませんね。今は一見しただけではわからないようなカメラだったり、スマートフォンのシャッター音を消せるアプリなどもあります。公共の施設だって何が仕込まれているかわかりません。みなさん気をつけましょう。

グラドルとヒエラルキー

グラビアアイドルと聞いてどの子を思い出しますか？　日テレジェニック？　ミスヤンマガ？　ミスフラッシュ？

あまり詳しくない方が思い浮かべるグラドルはもはやグラドルの域を超え、立ち位置はタレントではないかと思います。グラドルにはとても細かい立ち位置、ヒエラルキーがあるように思えます。

頂点はCMやドラマ、バラエティー番組に名前を出して出演しているグラドル。次に雑誌の表紙を飾ったり、写真集を出せるグラドル。今は写真集は本当に出せないので写真集を出せるか出せないかで大分差があります。

そして次にDVDを数十枚出しているグラドル。5本くらいは出せる子が多いですが、20枚30枚出せる子はそういません。そして次にDVDを数本出し、撮影会が満員になるグラドル。一番下は撮影会のみ行っているグラドル。撮影会のみの活動となると正直素人との線引きが難しいです。

私のリアルなヒエラルキーは大分下ですね。乳首出さなきゃもう新作ＤＶＤは出せないとさんざん言われてますし、撮影会もそんなに人気じゃありませんからね……って書いてて悲しくなってきました。

一度こんなことがありました。あるグラドルにすごく慕われたのです。とても礼儀正しい良い子で「可愛い子だなぁ」と思っていましたが、実際私は〝使われていた〟のでした。有名な映画監督が来るから来ませんか？　と誘われ、飲み会に顔を出すと、ただの彼女の後援会の怪しいおじさん達の集まりだったり、プロデューサーと顔合わせしたいと連れていかれると、男性側には「グラドルと合コン」と言っていたこともありました。しかも、その合コンにいたＡＤさんはグラドルと合コンできる！　とかなり楽しみにしていて、借金までして参加していたのです。胸が苦しい（泣）。この飲み会に来ていたグラドルの中で一番知名度のある子は怒って帰ってしまいました。

このとき、主催者のグラドルは私と本当に仲良くする気なんてないんだなとハッキリとわかりました。ど新人だった彼女は少しはヒエラルキーの高い私をダシに使ったのです。

逆にこんなこともありました。誰もが知るような有名グラドルと同じ現場になったとき、ミーハーな私は浮かれていました。可愛いだけではなく、その子は感じもよかったんです。しかし、撮影が終わると、私のTwitterのフォロワー数が少ないことや知名度が低いことを知った彼女は挨拶すらなく帰っていきました。

数十人のグラドルがいる現場でしたが、彼女が話していたのは有名グラドルばかり。またマネージャーと小声で「どの子と仲良くしたら得か？」という作戦会議をしていました。また「さりぃちゃんも掲載されるといいね！」と笑顔で言われました……。怖いよ！

しかし、私ももし彼女ぐらい売れていたら下層グラドルとはよっぽど気が合わない限り話さないだろうと思います。メリットないですからね。

グラビアの仕事は長く活動したからといって上に行けるものではありません。逆にデビューして数ヵ月でとんとん拍子で売れてしまう子もいます。いつ誰が何をきっかけに売れるのかわからないのでヒエラルキーの変動はとても激しくなっています。

AとBという仲の良いグラドルがいて、はじめはAが売れていたのにいつの間にかBしか出なくなって、そうしたら2人の関係は険悪になっていたりなんていうのはよくある話です。私は今後、売れる要素は少ないですが、日々努力し、ヒエラルキーを少しでもあげていきたいと思っています。

グラドル同士は仲が良いのか？

芸能界に片足突っ込む前にテレビを見ながらきゃぴきゃぴするグラドル達を見て、「本当にこの人達は仲が良いのかなぁ～？」と思っていました。

実際はどうかというと、いまいち仲が良いか悪いかわからないというのが本当のところです。実力・人気主義の特殊な仕事ということもあり、友達以前にライバル関係ですからね。

私の場合、周りのグラドルは大体年下ですし、私のポジションも微妙なところなので、下に見られることはあっても嫉妬されることは少ないです（悲）。たまにこうやって暴露記事を書いたりしているからか面白がって「吉沢さんと友達になりたい～！」なんて言ってくれる子もいるんですが、それは素直に嬉しいです。そして大体そう言って近寄ってきてくれる子はサバサバしたタイプが多いから楽ですね。

グラドル同士で仲良くするなら、事務所が違う、目標としているところが違う、年齢があまりに違う、自分より明らかに上のレベル、明らかに下のレベルの子の方が付き合いやすいと思います。

自分と同等のレベルの子だと、いつDVDを出したとか、ギャラはいくらなんだろうとか、私よりスケジュール埋まってるなとか気になってしまうものです。少なくとも、私はそうですね。真剣に仕事をしている以上、嫉妬もすごくあります。

以前私を下に見ていた某グラドルは私がテレビに出れば「さりぃでも出れるんだ～」と言い、大手メーカーからDVDを出せば「さりぃがあのメーカー？　マジで？　ヌードだよね？」と目をパチクリさせ、最終的には「さりぃはギリギリグラドルでいられるレベルだよね！」と言い放っていました。まぁ実際、彼女のほうが私より口は達者だけど、仕事量は少なかったのでぶっちゃけ「可哀想なやつだな」と思って聞き流していました。

たまにいて困るのはまったく仲良くもないし、プライベートで会ったことが一度もないのに「さりぃちゃん、すごい仲良し～！　大好き～！」と触れ回るタイプの子です。こういうタイプの子はわざわざ私のファンに言うんです。するとファンの人も「じゃあ、この子も応援しなきゃ！」ってなるんですよ。特に優しい良い人は。

良いファンを常にウォッチしている子もいたし、自分と仲の良いグラドルの引退がわかると、すぐさまその子に取り入ってファンを全部自分のものにしたなんて子もいましたね。逆に自分がいじめ抜いて引退させたのに最後だけ仲の良いフリをして、ファンをごっそりいただいたなんて子もいました。

そして1つだけ断言できるのは、両方またはどちらかが引退してからの方が仲良くなれるということですね。某国民的アイドルも同グループの子のことを「卒業してから何でも話せる親友になれた」と言っていましたが、まさにそれです。

以前、事務所に所属していたときに同じ現場が一番多く、一番仲良かった子がいました。彼女のことが大好きでしたが、私は彼女より事務所での扱いも仕事量も格下だったので、すべて心を開けない部分もありました。

担当マネージャーも彼女の話ばかりするし、彼女がNGの仕事もよく回ってきました。お互いのギャラや仕事の探り合いを気がつけばしていたように思います。当時はやっぱり悔しかった。

それが彼女が引退して、私がまたグラドルを始めてからは前よりいろいろ話せたり、彼女が私を応援してくれたり、と関係が深まりました。違う環境だと嫉妬のしようがありませんし、苦楽を共にした仲間は貴重です。

今はグラドル復帰して2年経ち、気持ち的にも生活的にも落ち着いてきたので、同業友達欲しいです！　誰か、吉沢と仲良くしてくれる勇者募集中です！　周りを固めて騙し討ちしたり、彼氏の借金肩代わりさせたり、「ケツモチ出す！」とか脅してこないグラドルちゃん連絡下さい！　たまにネタにするけど……（笑）。

どういう事務所がいいのか？

デビューが早く年配グラドルであり、芸能の裏話を書いたりしているせいか若いグラドルに「どこの事務所がいいですか？」「うちの事務所どうですか？」と聞かれることがあります。

いい事務所なんて、はっきり言って大手事務所に決まっています。誰もが知るタレントが数人いる事務所が鉄板。私だって、もう少し自分の容姿に自信があれば大手事務所に履歴書を送っていました。ただ冷静に鏡を見て、この面じゃオ◯カーとか、ス◯ーダストとか門前払いだな、と自己判断したのです。

しかし、大手事務所に所属できたとしてもリスクがあります。それは埋もれてしまうこと。大手事務所は所属するのも大変ですが、所属してからも大変です。だってレベル高いですもん。グラドルの中堅事務所だと私と同レベルの「お前がグラドル？」みたいな方もいらっしゃいますが、大手事務所は可愛い子しかいない。中学のときはいつもクラスで一番勉強ができて進学校に入ったのに、高校では周りが自分より優秀な子ばかりで落ちこぼれになるなんて話がありますよね。大手事務所はまさにそんな感じです。

地元では美少女で有名でも、同じくらい可愛い子がいるので埋もれちゃうんです。ただ看板タレントのバーターでいい仕事をもらえたり、小さい事務所よりオーディションの回数が多かったり、とチャンスが多いことは確かです。


それに対して小さな事務所にもメリットがあります。それは目をかけてもらえること。いつかは看板タレントを出したいというまともな中堅事務所や弱小事務所は1人1人に手厚く対応してくれます。たとえば私服や衣装のコーディネート、ファンへの対応をアドバイスしたり、一緒に特技を考えたり、キャラ作りをしてくれたりと親身になってくれます。ただ大手も弱小も関係なく言えることは「売れるのは事務所次第」ではなく「本人次第」または「マネージャー次第」ということです。

私は以前、中堅事務所に所属していたときに「この事務所じゃ売れない」と思って辞めたことがあります。マネージャーも親身でとてもいい事務所でしたが、ここにいてもどうにもならないと勝手に判断したのです。

……が、数年後、その事務所から開いた口がふさがらないほどの売れっ子が出ました。私はそのとき、〝事務所は関係ないんだ〟とやっとわかりました。

本人のやる気、自己プロデュース能力、またタイミングによって結果はまったく違ってきます。芸能の仕事は正解がなく、容姿がよければ必ずしも売れるわけでもないし、口が達者だからテレビに呼ばれるわけでもありません。なにがどこでどうひっかかるかわからないのです。売れていない私が言うとまったく説得力がありませんけどね！（笑）

グラドルで「もっと大きい事務所なら売れた」とか、「うちの事務所クソだ！」とか言う子は多いですが、まずそういう子は大手事務所に入れません。万が一所属できたとしても、一般社会でいう正社員扱いではなくバイトや清掃員みたいなものです。大体私も含め事務所のせいにしている子は売れませんね。

私の場合、大手事務所には所属できないし、弱小事務所じゃ31歳グラドルという時点でプッシュしてもらえないだろうなという判断の元、フリーで活動することを選びました。

事務所で悩む前に一度鏡を見たらいいと思います。自分がどのくらいのレベルなのか冷静に考えて、今の事務所の良し悪しを見る。事務所が弱小だから売れない？　自分のポテンシャルが低いから売れない？　マネージャーが悪いから売れない？

事務所で悩む前に冷静に自分が〝なんぼのもんか〟を知ることが大切だと思います。

印象に残っている一番よかった仕事

私がグラドルをしていて一番よかったと思う仕事は、某週刊誌のミスコンのサバイバルイベントです。

某地方局にレギュラーを持たせていただいたり、キー局の好きだった番組に出られたり、好きな雑誌にカラー撮り下ろしが掲載されたり、すべての仕事が大切で優劣つけ難いのですが、一番転機と感じられた仕事はなにかと聞かれると、そのミスコンのサバイバルイベントしか思い浮かびません。

デビューが20代前半と早く、引退したり復帰したりを繰り返していた私はもともと〝着エロアイドル〟という肩書きでした。

グラビアアイドルになりたくてなりたくて、〝着エロの吉沢さん〟と言われるのが一番嫌でした。着エロアイドルが決して悪いわけではありませんが、グラビアアイドルに固執していた私には辛かったのです。

昔は着エロとカテゴライズされると、雑誌のミスコンにエントリーできないだけではなく、いろいろと格下に見られていたように思います。復帰してからはそんな昔のことは開き直って活動していこうと思っていました。

そんなときに、突然当時業務提携をしていた事務所から「某週刊誌のミスコンの書類審査が通りました！」と連絡が来ました。誰もが知るミスコンです。

なぜ、ほとんど半裸の仕事をしていたような私が？　と首を傾げつつ、書類審査、カメラテストと進み、本ステージに立つことができました。本人は狐につままれたような気分でいましたが、ファンの反応は違いました。予想以上に驚き、喜んでくれました。

その後、月に何度も撮影会をして、チャット番組に出て、画像投票をして、私も頑張りましたし、ファンのみなさんはとても応援してくれましたが、ファイナルには行けませんでした。

大人のくせに悔しくて泣いて、慰めてくれる友達にも優しく対応できませんでした。敗者復活戦がありましたが、私は参加するつもりがありませんでした。もうファンの方にもこれ以上、お金を使わせたくないし、勝者が決まっているヤラセだったらとすら考えてしまいました。

そのときにファンのみなさんがこんな言葉をかけてくれたのです。

「吉沢さりぃを応援していた証にファイナリストにはしたい！」

「お金の問題じゃない」

「最後までやりきろう！」

他のファイナルにストレートに行けた子に比べて余分にお金をかけさせてしまうことを心配する私に「他よりたくさん、さりぃさんに会えたからラッキーです！」と言われたときは撮影会中に泣きそうでした。


結果、ファイナリストにはなれましたが、ミスにはなれませんでした。


課金システムのサバイバルミスコンには賛否両論ありますが、このサバイバルシステムでなければ私なんて受ける資格すら与えられなかったと思います。最年長だし、顔もスタイルもゲッピな私がファンの方に最高の経歴を与えられました。

ずっと自分がグラドルと名乗ることに抵抗がありました。グラドルと名乗ることに自信がありませんでした。私はこのミスコンに参加して初めてグラビアアイドルになれた、と思いました。

また、たくさん手を貸してくれたみんなのために絶対頑張ろう、あの課金を無駄にしてはいけない、彼らが喜ぶ、悲しませない仕事をしようと心に決めました。本当にあのときはみなさん、ありがとうございました！

ここからがリスタート。これが私の一番よかった仕事です。

一番イヤだった仕事

私はよく謎の腹痛、謎の下痢（アイドルが下痢とかすいません）になります。病院に行くと大体診断結果は〝ストレスが原因〟です。こんな好き勝手している親不孝娘が何のストレスを抱えているんだ？　と思いますが、お医者さんは「自分でも気がつかないうちにストレスを溜めているんだよ」と言います。

もともと私は過敏性腸症候群の気があり、良くなったり悪くなったりを繰り返していました。最初は病名がわからなかったのですが、何駅も止まらない電車や高速道路に乗れなくなったり、トイレのないところに行けなくなった時期はハッキリしています。〝グラドルで一番辛かったことがあったとき〟です。

今から7、8年前、私が着エロアイドルとして活動していたときのことです。〝もうこれ以上脱ぎたくない〟という気持ちと裏腹に、〝これを頑張ったら次のチャンスがあるかもしれない〟という本音もあり小さな小さな水着を着ていました。「こんな私でもいつかは少年誌に載りたい！」それが私の当時の夢でした。

　その頃、所属していたのはホームページもないような小さな個人事務所でした。大手事務所に入っていても埋もれてしまうだろうと考えて、そこを選びました。指導など厳しい面もありましたが、細かいところまで気を配ってくれるいい事務所だと思っていました。あの出来事があるまでは……。


　そのときのことは鮮明に覚えています。

　大学4年の夏でした。大学卒業を控え、単位取得のための合宿が翌週に迫ったある日、社長から電話がかかってきました。

「来週の月曜日空いてる？」

　月曜はちょうど合宿の初日。もちろん撮影ならば教授に掛け合って何とかします。しかし急ぎでない打ち合わせなら別日にしたいと思い、「何があるんですか？」と聞いたところ「じゃあ、いいよ」と電話を切られました。

　胸騒ぎがして、電話をかけ直しましたが出てくれず、メールをしても「もういいよ」としか返ってきませんでした。

合宿が終わり、別仕事で社長に会うと妙にハイテンション。「さりぃが合宿行ってる間にな、実は◯◯（↑某有名少年誌）のプレゼントページのグラビア撮影があってさ！　さりぃにってきてたけど、ダメって言うから、うちの新人を代わりに出したらカメラマンにすごく気に入られてね！　また呼ばれるかなぁ～」と饒舌に話します。

は？　あの有名な少年誌？　あの月曜日が撮影？　私が断った？　新人を代わりに出した？　なぜこの人は笑っているの？

いろいろな感情が駆け巡りました。夢だった少年誌から私にオファーがあったなんて……。そして社長に噛みつきました。

「なんで最初から撮影だって教えてくれないんですか!?　私、それなら教授に掛け合って何とかしてました！　なんで予定しか聞いてくれなかったんですか!?」

泣きじゃくりました。そんな私にまったく動揺せず、「俺は前に言ったよね？　この日空いてる？　って言って空いてなければなしにすると。聞かれた日は打ち合わせだろうと撮影だろうと関係ない。空いてないと言ったお前が悪い」と社長は淡々と話しました。話は一方通行です。

またこんなこともありました。社長はその少年誌に載った新人グラドルを私とは違う正統派グラドルにしたかったようで、新人をスカウトし事務所でその子と親御さんに挨拶する際に〝吉沢さりぃ〟が所属していることは隠したそうです。「さりぃみたいなことをやらされるって思ったら親御さん心配するでしょ？」ということらしいです。私にも親はいるんだけどな……（苦笑）。これには涙も出ませんでした。

私は所属タレントでも何でもない。道具なんだ。私は〝おっぱい出してお金を稼ぐ道具〟だ。このあたりから過敏性腸症候群の症状が出始めました。

これを書いている今も、やっぱりまだ悔しいし煮え切りません。この後も騙されて脱がされそうになったり、ギャラをもらえなかったり、不本意にクビにされたり、たくさん嫌なことはありましたが、少年誌の撮影ができなかったこと以上に辛かったことはありません。

そして現在事務所フリーの暴露キャラというトリッキーな存在なのに、応援してくれるファン、お仕事をくれる方、私を仲間だと言っていろんな人を紹介してくれる方は、あの辛かったときより増えました。そう思えばあの事件もよかったのかなと思えます。

ただこのいつ来るかわからない腹痛と、緊張するとすぐ下痢ピーしちゃうのだけは何とかしたいです（笑）。

グラドルと付き合う方法

「別にガチ恋じゃないし、付き合いたいわけじゃないよ」

「応援してるだけだよ！」

撮影会やライブ会場といった〝現場〟に足を運んでくれるファンはそう言う方が多いです。

が、ファンのみなさんそれ本心ですか？　決して安くないイメージDVDをリリースイベントに参加するために複数買いしたり、キャバクラより割高な撮影会に参加しているみなさん。推しの特別になりたいって思いませんか？　私が逆の立場なら少なからず淡い期待は持ってしまうと思います。

ぶっちゃけ推しのグラドル、地下アイドルとは可能性は低いにしろ付き合えなくはありません。なぜ、（一応）現役グラドルの私がそう断言するのか？　それは実際にファンと付き合っている子、逆にファンに恋したグラドルもいたからなのです（爆）。

推しを絞り現場に通ってくれているファンの方はすごくいい方が多いです。私のファンの方はもちろん、他のグラドルの話を聞いていても「あの人はいつも来てくれて本当に優しいの！」など、通いのファンの方はまともな方が多い印象です。

たとえば「Twitter」で具合が悪いといえば治療法をすぐリプしてくれたり、撮影会があれば栄養ドリンクや、愛情のこもったプレゼントをくださったり、ひとり暮らしで生活がきついと呟けば食料を差し入れてくださったりします。

意外にダメンズ好きが多いグラドルは、DV男や、ヒモ男、売れないバンドマンや売れない芸人などと付き合っていることも多く、恋愛面で精神的に疲れている子も多いのです。そのため、ファンの方の優しさにほろっときてしまうのは無理もないことなのです。

グラドルという特殊な仕事ゆえ、なかなか仕事を理解してくれる彼氏を作るのは難しい。グラドルの仕事を理解してくれ、なおかつサポートしてくれるファンの方と付き合うことには大きなメリットがあります。バレなければね（笑）。

具体的にグラドルと付き合う方法ですが、私が考えるのは3つ！「身なりを清潔にする」「他のグラドルとは比べない」「しつこくしない」です。

身なりを清潔にするのは当たり前のことですが、現場に行く前にお風呂に入る、爪を綺麗に切る、髪型を整える、匂いに気をつける。この普通のことをするだけでも印象は大分違います。

他のグラドルとは比べてはいけません！ ファンの方が自分だけ推しているわけがないことはうすうすわかっていますが、いちいち本人に「君は何番目！」とか「あの子はDVDたくさん出せるのに君は出せないね〜」と言うなんてもってのほかです。他の子と写っている写真で推しだけ褒めるのもNGです。一緒に写っている子、その子のファンのことも考えましょう。

しつこくしないというのはSNSや現場で無駄絡みしないことです。撮影会やイベントに行けない理由をだらだら語ったり、リプ返しを求めすぎないこと。売れていないグラドルはみんなバイトをしていますから、そんなにSNSばかりやっていられません。空気読もうぜ（爆）。

この最低限の3つを守り、推し続ければクラっと来る子も少なくはないはずです。ファンの方の移り変わりは多く、浮気症な方も多いので、長く推してくれるファンには思い入れも強くなり「私だけを推してほしい……」という気持ちが恋愛感情に変わることもなきにしもあらずです。

ちなみに私も相当のダメンズウォーカー。今まで付き合ったのはのちにゲイとなり男と二股していたDV男、5股かけていたバンドマン、記念日の3日前にいきなり姿を消す男など、さんざんな恋愛しかしていません。そのため、いずれリアルに優しいファンの中の誰かと結婚しようと思ってます（笑）。

諦めるのはまだ早い！
あなたも推しのグラドルと付き合えるかもしれませんよ。

第3章
芸能界の裏紳士録

迫りくるスポンサー

枕営業はしない！　がポリシーの私ですが、かなり際どい体験をしたことがあります。

数年前、私は一時芸能の仕事から離れ、コールセンターでひたすら営業電話をかけながら、たまにバーでバイトをするだけの毎日を送っていました。

〝またグラビアをやりたいなぁ～〟なんて考えていた頃です。バイト先のバーにいかにも業界人風のダンディな方が来店され、いつものようにカクテルを作りながら、おじさまの話に耳を傾けました。

エイベックス？　東映？　主役？　女優？

出てくる言葉は業界の話ばかり。やっぱり彼は業界人でした。バイト先では元グラドルということは隠していましたが、私はあっさり彼に過去を打ち明け、現在事務所を探していると相談しました。その場で連絡先を交換し、翌週喫茶店で某大手事務所社長を紹介されました。

なんとか気に入られようと自分をアピールしましたが、何千、何万の可愛い子を見てきた社長の目に当然のごとく私は引っかかりませんでした（涙）。

〝違う事務所探すかぁ〟とオーディション雑誌を眺めていたときです。社長からまさかの電話がかかってきました。

「ある制作会社の人間とスポンサーと新しい番組の顔合わせがあるから来ない？」

よっしゃあああ!!　思わずガッツポーズ。気合を入れて当日を迎えました。

待ち合わせ場所には数人のアイドルや女優志望者がいました。年齢は未成年～30代までさまざまです。集合して某高級ホテルのロビーに向かうと、制作会社の人とスポンサーらしきおじいさんがいました。

紅茶が一杯2000円……。私は既にびびっていました。なんでもこの顔合わせでは誰もが知る芸人さんの新番組のアシスタントを探している、ということでした。その説明を聞いて、その場にいた誰もが目を光らせました。

個々に自己紹介と自己PRをしたところ、私が最も質問をされたので〝引きはあるな！〟

と確信しました。

それから数日後、社長から連絡が来ました。

「さりぃちゃんにもう一度スポンサーが会いたがってるよ！」

私と今後のことを含めた最終面談をしたいとのこと。私は再びガッツポーズをし、もう気分はＭＣアシスタント。番組内で水着を着用する可能性もあるらしく、水着を用意するようにと指示が出ます。


打ち合わせ当日、浮かれた私が準備をしていると社長から電話が来ます。

「今日はまた前のホテルのロビーで打ち合わせだよ。俺は行けないけど、大丈夫だよね？」

少し不審に思いましたが、ホテルといってもロビーだし、社長にとって私は所属タレントではないし、まぁいっか～と軽く考えてしまいました。

念のため、アンダーとニプレスを付けて、打ち合わせのホテルに向かいます。

ロビーに着くとスポンサーのおじいさんが、笑顔で私を迎えてくれます。また高い紅茶が飲める～なんて浮かれていると、「今日は違う場所で面談するから」と手招きをします。

一体どこに行くんだろう？　会議室とかホテルにあるのかな？　と思っていると、ホテルの離れに連れていかれました。おじいさんは人差し指を口元にやり、「静かにしててね」と小声で言ってきました。

〝や、やばいかも〟

ここで私は初めて危機を感じました。

離れのホテルの部屋は高級感あふれる内装で、お姫様用みたいな大きいベッドが1つと中くらいのソファーが1つ置かれています。「ここは普通の人は借りられないんだよ。他の部屋は有名な野球選手や海外の俳優ばかりだから、あまり大きな声を出したりしないでね」と釘を刺されてから、面談は始まりました。

将来芸能界でどうなりたいか？　演技はできるのか？　喋りはできるのか？　整形したい箇所はあるのか？

かなり親身に話を聞いてくれて、おじいさんに心を許し始めた頃です。「じゃあそろそろ水着を見てみようか？」と言われます。バスローブを渡してもらい、私はバスルームに向かいました。

鈍感な私は「いい人そうだし、心配しなくてよかったかな」なんて思いながら水着に着替え、部屋に戻りました。

「!!!!」

部屋に戻った私は言葉を失いました。なんとおじいさんもバスローブ姿になっているではありませんか（白目）。しかも、おみ足が見えています。そして、平然として私にこう言います。

「変な意味じゃなくてね！　一緒の格好の方があなたも緊張しないでしょ？」

いやいやいや、すね毛が気になりますなんて言えないです。やばいなぁとは思いつつも、おじいさんと一定の距離を保ちながら水着姿を披露しました。すると、私を凝視しながら、「もっとさぁ〜、セクシーにできないかな？　僕を誘惑するようなさ！」と迫ってくるのです。

こ、これはマズイ！　でも、仕事もほしい！　ど、どうしよう！

私は迫りくるおじいさんから微妙な距離を取りながら、胸を寄せるポーズをしたり、ジャンプをしたり、自分の太ももに触れながらセクシーな表情を見せたりしました。しかし、おじいさんは私ににじりよりながら、「制作陣は僕が君に欲情したら、君を番組のアシスタントにしていいと言ってるんだよ？」「いきなり地上波のアシスタントなんて、願ったり叶ったりでしょう？」と私に触れようとしてきます。私はセクシーポーズをしながら部屋中を逃げ回りました。こんなシュールな鬼ごっこを体験したのは後にも先にも初めてです。

しびれを切らせた彼は大きなため息と共に「もう着替えてきなさい」と言いました。安堵した私が、早々に私服に着替えて部屋に戻ると彼も洋服を着ていました。

テーブルの上には、さっきまでなかった諭吉が3枚置いてあります。「それ持ってってね！　お足代だから！」と強く言い放ちます。

社長に黙ってお金をもらっていいのかわからずオロオロしていると、とにかく金を持って早く帰るように促してきました。私も嫌な思いをしたわけだし、まぁいいかと3万を受け取りビールを飲んで帰りました。

後日、社長から「なんてことをしてくれたんだよ！」と怒りの電話が来ました。どうやら、おじいちゃんにすべてを許すのが正解だったようです。私のアシスタント起用はもちろんありませんでした。

数ヵ月が経ち、テレビをつけると最初の顔合わせの場にいた女の子がアシスタントＭＣ

を務める番組がやっていました。無気力になりながらもすべて見ました。〝彼女はおじいさんとＳＥＸしたのだろうか？〟〝私は間違っていたんだろうか？〟〝私はあの事務所の特攻隊として呼ばれたんだろうか？〟

ただ1つ、枕営業をしなくてよかったという気持ちは変わりません。枕営業を否定はしません。ですが、肯定もしません。人それぞれですが、私はしないということだけです。

大変すぎるマネージャーという仕事

芸能人のマネージャー。その職業だけ聞くと大体の人がこう言います。

「すごーい！」「かっこいーー！」

芸能人に最も近いマネージャーという仕事。実はとても過酷かつ低賃金なのです。なんでお前が知っているのかって？　前に少し書きましたが、実は私はマネージャー経験があるのです！

なぜ、タレント志望の私がマネージャーをしていたかといいますと、私が芸能活動を引退したり、復活をしたりを繰り返していたときに「プレイングマネージャーがいいんじゃない？」と新しい事務所の方に提案されたのです。

胸以外に若さも、抜群の容姿も、目を引く取り柄もない私にとっては売りになるのかもしれないと思ったのでやってみることにしました。芸能活動だけでは食べていけずどの道バイトをしなくてはならないので、それなら同じ業種がいいかもしれないという気持ちもありました。

希望の給料を聞かれて、23万円は欲しいと打診しました。前職のテレフォンアポインターでそこそこ稼いでいたのと、マネージャーの給料がどれくらいかわからなかったので強気に言ってみたのですが、その金額で落ち着きました。のちにこの23万円がいかにすごい給料なのかを知ることになります。

マネージャーになってみたものの、右も左もわからず、ただ原宿や渋谷でスカウトしたり（声をかけても、大体どこかの事務所に入っていたり、元AV女優とかばかりでした……）、ユニットアイドルの現場で物販をしたり、テレビ局を営業で回るぐらいしかできませんでした。

所属タレントの撮影や収録がなければ宣材資料を持ち、テレビ局や出版社を回ります。テレアポのときは成績がよかったので営業は得意なはずだとタカをくっていましたが、まったく仕事は決まりません。これといった一押しタレントがいない上に、可能性のありそうな子もやる気がなかったりで成果があがりません。

そしてたまたま会社にいるときに未成年アイドルの親から電話が来て「うちの娘の営業してますか？」とお説教を2時間受けたり、時には「同じ事務所の◯◯ちゃんにうちの娘が嫌がらせを受けているので、仕事をかぶらせないでください」なんてクレームを受けたり、おいおい、ここは学校かよ、と思うことも多かったです。

私自身、自分自身を営業で売り込みたいという気持ちがあったものの、事務所からは当然「所属タレントの仕事が軌道にのるまでは裏方に徹しなさい」と言われていて、仕事に対する姿勢がブレていたことも悪かったと思います。

ある日、先輩マネージャーと撮影終わりに飲んでいると、こう聞かれました。

「てか、吉沢さんっていくらもらってるの？　生活余裕ありそうだよね？」

私より何倍も仕事を取り、何年もマネージャーをしている先輩が私に給料を聞くとは……。

直感的に正直に言ったら悪い気がして、答えをにごしながら先輩の給料を聞いてみました。すると、先輩の給料は私よりも低い毎月固定15万円＋歩合でした。

ウ、ウソでしょ？　いくらなんでもマネージャー歴５年以上ですし、20万円以上はゆうにもらっていると思っていました。それが私の固定23万円より安いなんて……。

先輩は私より抱えているタレントも多く、ほとんど休みなく働いていました。自分もたまに生活費がなくて借金をしたりしていたのに、タレントにお金がないと１万円を入れた

PASMOをスッと渡すような人でした。「本当にこの子達には売れてほしいから、ギャラが原因でうちの事務所や芸能をやめてほしくないんだよね」といつも言っていました。

そんな先輩に比べて、仕事もたいしてできないのに自分のことしか考えていなかった自分のことを恥ずかしく思いました。

自分がマネージャーをして、初めてわかりました。どれだけマネージャーが過酷かつ薄給かと。本当に誰かを売りたい、頑張って売れてほしいという気持ちがなければ続けられない仕事なのです。

事務所に所属して活動していた頃、撮影終わりにマネージャーと飲んで割り勘だったことにびっくりしたことがありましたが、割り勘でもギリギリだっただろうに、わざわざ私と飲む時間を作ってくれて愚痴を聞いてくれたと思うと今更ながら胸が苦しくなりました。

業界のことを知らない人から見たら、芸能人に近くて格好いい仕事に思えるかもしれませんが、とんでもない。本当に大変な仕事です。

現役グラドルや現役アイドルのみなさん、今のマネージャーさんが誠実な人ならば忠実に仕事をこなしてください。自分が大した仕事じゃないと思っていても、マネージャーは何回も頭を下げています。面倒くさい飲み会に付き合ったり、担当の子のために借金までして仕事を続けている人もいます。

マネージャーも人間なので、好き嫌い、合う合わないはありますが、タレントの場合好かれて損はありません！　タレントのみなさん、今日からマネージャーに優しくしましょう！

そして、マネージャー志望のあなた！　もう一度、この仕事でいいか考えてみましょう！（爆）

身分を偽るプロデューサー

プロデューサーというのは、グラドル、芸能人、マネージャーが一番敏感になる単語だと思います。プロデューサーの鶴の一声で決まる仕事があったりしますからね。

私のような売れていないグラドルでも何人かお仕事で関わったプロデューサーがいます。

正直、「おい、売れたいんならわかってんだろうなぁ？」とか言われてセクハラされちゃうんじゃないだろうかと勘違いしていたこともありましたが、実際のプロデューサーは控えめな方が多いです。「え、この人が一番偉いんじゃないの？」と聞きたくなるほど控えめです。

やっぱりプロデューサーだから遊んでいるんじゃないかと言われることが多くて逆に遊べなくて困るという方や、タレントから言い寄られても信用できないという方、テレビ局や番組に迷惑がかかると困るから下手なことはできないという方が多いです。

これまでに私が話させていただいた中では、タレントなんかよりＯＬとかと付き合いたいと言っている方のほうが多かったです。有名な局で有名な番組を担当している方ほど慎重でした。

その昔、「◯◯局のプロデューサーが参加する飲み会があるから、さりぃ来る？」と知り合いのグラドルに呼ばれて、「ワンチャン、仕事につながれば！」と、のこのこ参加したことがありました。

その飲み会に参加していたプロデューサーは、有名番組の名前を次々に出し、「あのグラドルは俺が育てた！」「あのグラドルは元カノ。だから売れたようなもんだよ」などと調子よさそうに言っています。〝なんだか、うさんくさいなぁ〟と思いつつ、万が一と考え、相槌を打ちながら聞いていました。

プロデューサーを名乗る男の名前を覚えていたので、家に帰ってググッてみたところ、プロデューサーどころか、ディレクターやADですらないというオチ。売れていないグラドルってなめられてるなぁとしみじみ感じた事件でした。

周りの人間に聞いたところ、その男はどうしてもグラドルとつながりたくて、プロデューサーを偽り、「SEXしたら仕事あげる」と触れ回っていたそうです。本物のプロデューサーはいい迷惑ですね。

本物のプロデューサーはこんな偽物とはまったく逆で、以前こんなことがありました。友人のグラドルからディレクターを紹介されて、その人から間接的にお仕事を紹介してもらったり、アドバイスをもらったりしていたことがありました。すると、その後、その方がプロデューサーだったとわかったのです。「なぜ、ディレクターだと言っていたんですか」と尋ねると、返ってきた言葉はこうでした。

「グラドルやタレントにがっつかれるのが嫌だから」

テレビ局や大手ネット番組はスタッフの数が多い上に年功序列で出世できる世界でもないので、年配の方が偉いという図式が当てはまりません。そのため、どんな手を使ってでも成り上がろうと思っている女の子でも、ぱっと見、誰が偉いのかわからないのですね。そんな場所で自分がプロデューサーだとわかると、とにかく媚びてくる子が多く、疲れてしまうから関わりたくないのだそうです。

新人の子を純粋に素材としていいなぁと思っていても、女の子の方から激しいアプローチを受けてショックを受けてしまうこともあるそうです。特に売れていないグラドルは最も手を出したくないと言っている方もいました。

手を出さなかったとしても、たとえば飲みに誘っただけでも、「○○さんに誘われました～」と言いふらされたり、仲良くしているわけでもないのに「○○さんにはお世話になってます～」などを触れ回られて困るとのこと。変な噂を流されると最近はコンプライアンスの問題などでうるさいですからね。

偽物プロデューサーは迷惑極まりないですが、本物のプロデューサーのほとんどは紳士だと私が証言します。

ワンマンすぎる芸能事務所の社長

あるタレントが干されたとか、ある事務所を辞めたタレントが引退に追い込まれたというニュースを見たことはありませんか？　あれって大体、誰もが知るタレントばかりですよね。

私もあんなゴタゴタは有名タレントや大手事務所所属でなければ関係ないと思っていましたが……違うんです！　世間的にはまったく名前の知られていないグラドルレベルでもあるんです。

そして、その裏側にいるのは、激しい個性を持った芸能事務所の社長ということが多いんですね。

某ユニットに所属していた知り合いのグラドルAちゃんは、あるとき、突然ユニットを脱退し、その後、事務所も辞めました。彼女は社長の大のお気に入り。メンバー全員がおかしいなぁと思いつつも、こんなことはよくあること。たいして気にはしなかったそうです。

その後、少し経っていろいろな現場に行くと、事務所を辞めたAちゃんを心配するスタッフさんや業界関係者が多かったそうです。ユニットのメンバーの１人が「Aちゃん、なにかあったんですか？」と聞くと、こういう答えが返ってきたのです。

「実はね……彼女の所属事務所の社長から、『Aを解雇しました、今後一切彼女は芸能活動を致しません。いかなる理由があろうとAを使わないで下さい』という、ccメールが来てね。ビックリしたよ！」

そのスタッフさんもメールをもらったときは相当驚き、Aちゃんの所属していた事務所スタッフにさりげなく尋ねて事情を教えてもらいました。

事務所スタッフの方が言うには、Aちゃんはユニットのファンとかなり親密な関係になっていたそうです。あるとき、スマホの充電が切れてしまったため、事務所のＰＣでそのファンとやりとりをしました。

そして、あろうことか、そのやり取りの内容を消し忘れてしまったのです。それを発見した社長は激怒。もともとアイドルとして彼女に目をかけていた社長は、期待していただけに許せなかったそうで、〝二度と芸能界活動はさせない〟と憤慨して彼女を解雇。そして、取引先にその旨を一斉送信したというわけです。

このケースの場合はファンとの交際でしたが、もっと些細な理由、たとえば「俺に対する態度が悪い」とか「俺のお気に入りのメンバーが嫌いだと言っている」などというとんでもない理由で干されるタレントはたくさんいます。

そしてその際には、取引先や業界関係者に一斉通知を行い、そのタレントと今後関わらせないようにすることが多いのです。

実は最近、私も同じようなことがありました（苦笑）。仕事と関係ないところで同業者とトラブルになり、複数の人間から責められたのです。

詳細を書いたら、東京湾の底に沈みかねないので省略させていただきますが、ものすごくチキンハートな私はどうしていいのかわからず慌てふためき、対応することができませんでした。

そんな私に業を煮やしたのか、届いたメールというのが、『3日以内に返信をしなければ業界内ブラックリストに載せて、業界から追放する』という恫喝文だったのです。

こんなメールをもらったことなんてありませんから、大パニック。お世話になっている業界関係者や先輩グラドルにはもちろん、法律事務所にまで相談しました。

弁護士の方は、そんな脅しは無効だから相手にしなくていいとおっしゃってくれ、「私を使うな！　とばらまかれても、つーか、吉沢さりぃって誰だよ！　くらいにしか思われないな」と冷静になりましたが、この業界、本当にいろいろなことがあります。その後、相手側からのアクションはありません。

怖い人に睨まれないように、芸能活動を続けていきたいと願う今日このごろです。

大物芸能人の素顔

みなさんは大物芸能人ってどんなイメージがありますか？
私は、芸能界に片足突っ込む前は「大物芸能人」＝「金持ってて偉そうで嫌なやつ」というイメージを勝手に抱いていました。

こんな売れないグラドルでも、たまに大物芸能人の方とお仕事させていただけることがあります。そのときに共通して思うことがあります。それは売れている芸能人ほど腰が低く、謙虚でいい方が多い、ということです。

私はテレビ局の収録現場に行くと、あまりに広いスタジオに大勢のスタッフさん、見たこともないような綺麗なタレントさんやイケメンのタレントさんに圧倒されて挙動不審になってしまいます（汗）。
またフリーという立場で誘導してくれるマネージャーもいないため正直どうしていいのかわからずに困っていると、大体有名芸能人の方が声をかけてきてくださったり、挨拶しやすい雰囲気を作ってくださったりします。お前から挨拶しろや！　って感じなんですけどね、本当に……。

また、テレビでヒール的な立ち位置の方や毒舌を売りにしている方も実はめちゃめちゃいい人だったりすることが多いです。


逆に中途半端な立ち位置の人ほど、面倒くさい人が多いのが現実です。

５年ほど前、ひょんなことから芸人さんの飲み会に参加したことがありました。一般人の芸人好きな子が「おごりだし、いつ帰ってもいいからお願い！」とあまりに必死に頼んでくるので、何人かのグラドルでしぶしぶ参加したのです。

私は翌日の撮影があるので終電までには必ず帰るという約束でした。

乗り気ではなかったものの「誰か知ってる人いるのかな～？」とミーハー根性丸出しで向かいました。しかし、ほとんど知っている人がいない……。まぁ、相手のほうも私達に対して同じ感想を持ったことと思いますが（笑）。

飲み会自体は楽しかったのですが、大体の話題は先輩芸人と仲が良いという自慢と、その先輩がいかにすごいかという自慢ばかりでした。そろそろ終電が近くなり帰ろうとすると事件が起こりました。

「なんで帰ろうとするんや！」

その飲み会にいた中で一番売れている先輩芸人がキレました。

「あの……私達、終電までって聞いていて……」

そう答えて主催の子を見ると、まさかのうつむいてシカト！

先輩芸人は後輩たちに向かって「お前ら！　なんで朝までいられない女なんか連れて来るねん！」と怒鳴りつけます。更に「おもろい話してやって盛り上げて、酒までおごって、朝までおられない女なんていらんわ！　ボケ！」とまで言われました。

〝お前こそなんやねん！〟とエセ関西弁で心の中で突っ込んでいると、「申し訳ありません！　今から朝までいれる、ヤレる女捕まえてきます！」と素早く後輩芸人が立ち上がりました。「私も行きます！」となぜか主催者の女までナンパに同行して行ったので、〝お前も行くんか！〟と思いながらも私達は帰りました。


この飲み会に懲りた私は「売れていない芸人でもこんな偉そうなら、売れている芸人はどれだけ横柄なんだろう」と思っていましたが、有名芸人と飲んだグラドルに聞くと、無理やりホテルにつれていかれるとかはないし、帰りにタクシー代もくれるし本当に楽しいという話ばかり。やはり芸人さんの中でもクラスが上がれば上がるほどいい人になっていく法則は当てはまりそうです。

芸能人は〝下積み時代が長い人ほど、息の長い活動ができる〟なんて言われていますが、一理あると思います。

現在売れているグラドルも、大体のスタッフから〝売れていないときからいい子だった〟と言われる子が多いです。ギャラも少ないだろうに気を使って差し入れを持ってきてくれたり、偉い人以外にもちゃんと挨拶できたりといった具合に。

私も万が一大物になれたとしたら謙虚でいようと思いました。そのためにも関係者のみなさま、お仕事をください！（土下座）

色黒の怪しいスカウトマン

新宿や渋谷を歩いていると、「なんの仕事してるんですか？　お仕事探していませんか？」と声をかけられた女の子は多いと思います。

こんなとき、これは芸能のスカウトなのか、ＡＶのスカウトなのか、それとも水商売のスカウトなのか戸惑うことと思います。

芸能のスカウトと、アダルト系のスカウトの違いってなんだかわかりますか？　ズバリお答えしましょう。それはスカウトマンの肌の黒さと服装です（売れないグラドル調べ）。

芸能の、特にグラドル事務所のスカウトマン、すなわちマネージャー職は薄給です。固定が14万円から、よくて20万円プラス歩合というところが妥当で、借金をしているマネージャーも少なくありません。よっぽど家が金持ちとか、こっそり副業をしていない限りは日焼けサロンにいく余裕やブランド物で身を固める金銭的余裕はありません。

そのため「うわー！　儲けていそうだなぁ」と思う格好をしている色黒メンズからスカウトされた場合は疑いの目を持って話を聞いたほうがいいと思います。

芸能界は夢があるようで、ありません。大手事務所に所属する誰もが知るタレントや女優になればびっくりするほど稼げるでしょうが、どこかで見たことがあるかもというレベルだとバイトをしているパターンが多いです。誰も知らない私の場合、最大で週5はバイトしていますからね（哀）。

スカウトをする際に、大手事務所のスカウトマンはちゃんと名刺を渡しますし、名刺の裏には所属タレントが記載されたりしていますが、怪しい事務所だと名刺をくれなかったり、有名な子がいないため、所属タレントが書いていないことが多いです。

タレント志望の子やスカウト待ちの子は、キャッチ風の風貌の男や、エグザイル風男子に「タレントにならなーい？」と軽々しく声をかけられたら気をつけるべきです。

そして、肌の色や服装以外に芸能とアダルトのスカウトには大きな違いがあります。

それは〝手厚さ〟。

アダルト系のスカウトのほうが女の子に優しくて、いい条件を提示してくるのです。なぜかといえば、どちらがすぐに稼げるかを考えていただければわかると思います。

タレントや女優で数年頑張りＣＭに出たり、ドラマの主演を張れるようになれば事務所も儲かりますが、誰がどのタイミングで売れるのかはわかりませんし、そもそも売れる保証もありません。

それが容姿のいい子がＡＶに出れば、1年間何本契約◯◯万円という計算ができるのです。そのため必然的にＡＶのスカウトマンは稼げる可能性が高く、女の子にも手厚く対応できるのですね。

私レベルのグラドルだと、事務所所属だったとしても撮影現場やオーディションにマネージャーが来ないことは当たり前です。

しかし、ＡＶの子と現場が一緒だったとき、グラドルの子には一切マネージャーがついてこないのに、ＡＶの子は1人に対し、数人来ていました。そして機嫌をうかがったり、必要な飲み物や食べ物を調達したりしていました。それを見て、いいなぁと思っていましたが、稼げる金額があまりに違うから対応に差があるのは当然なんですよね。

たとえば、営業職で毎月３００万円売り上げる人と20万円しか売り上げない人なら上司も態度を変えますものね。お金を生み出す人はそれに応じた評価をされるのです。

スカウト時に、「すぐに稼げる」とか具体的に「〇〇万円すぐに出せる」という場合はアダルトだと断言していいでしょう。

1つ言えることは、20歳以上の場合は特に気をつけろ、ということ。未成年だったら途中で怪しい話だとわかったら、いつでも契約破棄できますが、20歳以上になると正直ややこしいです。場合によっては断りきれず望まない仕事をしなければならないこともあるでしょう。

口のうまい色黒スカウトマンには気をつけましょう！　そんなにおいしい話はないよ！

フェチすぎる撮影会のカメコ

前に〝撮影会〟がどんなところかお話ししました。私は運がいいのかたまたまなのか、清潔感のある紳士的なファンの方が多いのですが、たまに変な方に遭遇したり見かけることもあります。

私がびっくりしたのは個人撮影会でスタッフが目を離したスキに電話番号をこっそり聞いてきたり、ハグされそうになったことです。どちらもすぐに断りましたが、相手の方は「え？　なんで？」という感じでした。いやいや、私の方が「え？　なんで？」なんですけどね。

他にも「今日生理？」とか「いつＳＥＸしたの？」なんてことを聞いてくるセクハラ野郎もいました。

一応、私は巨乳が売りなのに後ろ姿しか撮らない方や横から見た胸の高さしか撮らない方、鎖骨だけ撮影する方もいました。これに関しては撮影スタジオや女の子によってはＮ

Gの場合もあります。私の場合、楽なのでNGは出しませんでした。
また「僕を踏んづけてください！　踏んづけられながら撮影したい！」なんてのもありましたね。ひたすら女の子の口の中だけ撮影する方がいたときは楽屋はその人の話題で持ち切りでした。

変わった撮影方法をする方は個人撮影会よりセッション撮影会に多いです。個人撮影会は1人しか撮影できず、値段も割高なので〝本当に推し〟でないと参加しない人が多いんですね。そのため、フェチ度が高い方は割安のセッション撮影会に参加し、お尻フェチならいろんな子のお尻のみ撮り続けるのです。

またグラドルだけではなくレースクイーンやイベントコンパニオンなどが出る参加費が無料のイベントに関しては、ほとんどの方が変わっているなぁという印象です。
無料イベントというのは女の子が主役ではなく、新商品のPRなどが目的に行われるイベントです。私も参加したことがありますが、コスチュームの露出は控えめだったため、ニプレスもつけず、アンダーも履かずに出ようとすると、先輩グラドルに必死に止められました。

「ニプレスとアンダーは必須で、いつもの何倍もムダ毛処理をしてね！」

そう何度も言われました。イベント当日にその理由がわかりました。

まず撮影会のように自分を見守ってくれるスタッフもいませんし、1人の女の子に対して100人くらいが集まることもあります。「ちょっとどこ撮ってんだよ！」と怒りたくなるほどのローアングルで撮影する人やカメラを10台首から下げ、ずっと撮影している人、「目線くださいませ！」と挙手し続け、応えられないと激怒する人など、異様な雰囲気でした。見かねた会場のスタッフにつまみ出されたり、警察を呼ばれてる人もいました。

ちゃんとした撮影会であれば参加する前に身分証明書等を提出しなければならないことが多いので、身元のわかるしっかりした方が多いのですが、無料イベントの場合は誰がどんな目的で参加しているのかわからないのです。

撮影会に参加される方、どうせなら女の子に好かれて楽しく撮影できたほうがよくないですか？　そのためにはあまりトリッキーなことをしてはいけません。楽屋で「今日変なやつ来てさ、まじきめ～！」とか言われちゃいますよ？

結婚しているグラドル

ここまで芸能界にいるさまざまな人たちの話をしてきました。最後に私が実際に見てきた、とんでもないグラドルの話を暴露していきたいと思います。

ＳＮＳを見て、あまり有名ではない割に裕福に見える子はスポンサーがいたり、副業のバイトで稼いでいるかもしれないとお話ししました。それだけではなく、中には結婚しているグラドルもいるのです。

「売れていないグラドルの分際で結婚するなんて！」とご立腹される方もいるかもしれませんが、〝売れていない〟グラドルだからこそ、結婚しても問題がないのです。

なぜなら知名度がないからです。もし私が結婚していてもバレない自信があります（笑）。

アイドルやグラドルに興味のない方はヒエラルキーの上位にいる子しかわかりません。そのため、プライベートの人間付き合いやＳＮＳの使い方に気をつけていれば結婚していてもわからないのです。たとえば食事や住まいなどの情報です。ひとり暮らしの設定なのに一軒家風の写真ばかりSNSにあがっていたり、食事のときに毎回おかずが何品もあり、ランチョンマットが2セット用意してあれば怪しく思いますよね。

長年付き合っている彼氏がいるグラドルで、20代後半〜30代だったりすると、結婚を考えている子も多いです。売れるか売れないかわからない、現状グラドルで食べていけていないとなると、結婚したくなる気持ちはわかります。

中には結婚していることを事務所や同業のグラドル、仕事でからむすべての人に隠し、なりふり構わず枕営業をしている子もいました。知名度は低いのですが、グラドルの中では容姿はピカイチ、性格も一見よさそう。

それなのに、とにかく仕事をくれる人とは、枕！　枕！　枕！　しかもただの枕営業ではなく、すべての人と付き合っている形をとっているんです。彼氏たちは彼女に夢中になり、生活から仕事まで尽くしに尽くします。その裏の活動が功を奏し、大きく飛躍するかと思った頃、事態が明るみに出ます。

芸能界はとても狭く、まさかの彼氏同士がバッティングしてしまったのですね。まさに地獄絵図……（怖）。そして、彼女に二股三股をかけられていた彼氏同士が結託し、いろいろと彼女について調べ上げた結果、彼女は結婚していることが発覚したのです。そしてそれどころではなく、なんと子どもまでいたのです。更に年齢や学歴、家族構成にいたるまですべてがウソでした。

なによりも驚いたのは、彼女の旦那は彼女がグラドルとして活動していることを知らなかったことでした。旦那まで被害者とは……、いったい、どんな生活をしていたんでしょう。

それでもまだファンにバレていないだけ、彼女はましかもしれません。中には実はアラフォーで子供が数人いて、更にアイドルとして活動する現場にファンを装った旦那が来ているというグラドルの存在を聞いたときは仰天しました。

ただ、彼女達はいまだに人気で、ファンの人達はデレデレなので男の人はバカだなぁと思いました。

吉沢はガチで独身なので推し変待ってます♡♡

虚言症アイドル

アイドルの語源は偶像なんてことはよく聞く豆知識ですが、その偶像を守るために無茶なことをする女の子も中にはいるようで……。

私と彼女との出会いは、以前バイトしていた飲食店でした。シフトの融通が利くので芸能活動をしている子が多い職場でしたが、私は自分の活動のことは周りに伝えてはいませんでした。

そこにあるとき、入ってきた新人の1人が彼女でした。お世辞にも可愛くはなく今時の化粧をしているなぁという印象を抱いただけでした。

「あの子、アイドルやってるらしいよ！」

その子の噂はすぐに広まりました。マジか！　私を含め数人はかなり驚きましたが、やれ今日は撮影だとか、やれレコーディングだとか言ってバイトを休んでいたり、渋谷や原宿だとマスクをしないと歩けないと言っていたりして、「私がグラビアやれるんだから、もしかしたら本当なのかなぁ」と思っていました。

どうしても気になった私は、自分のことを正直に伝えて、彼女に近づきました。するとなぜか警戒する表情になって「吉沢さんには言いません！」と突っぱねられたのです。え……なんでだろ？　ただ、他の子には情報をすぐに流すので、彼女が〝何者なのか〟はすぐに判明しました。

「これ、あの子らしいんだけど……」

そう言って、バイトリーダーが某アイドルグループのライブ中のYouTubeを見せてきました。え！　どれどれ？！　バイト仲間数人で画面を覗き込みます。何度も何度も見直すも彼女はいません。似ている人もいません。結局バイトリーダーの聞き間違いではないかという話になりかけた頃、バイトリーダーが真相を話し始めました。

どうやら彼女は「吉沢さんと、AさんとBさん（↑どちらもタレント）には内緒ですよ！これが私です」とバイトリーダーと数人のバイトにこの動画を見せたらしいのですが、大きなPC画面ではなく、スマホの小さな画面だったそうです。ユニット名や女の子たちの顔も小さすぎてわからない中、バイトたちは「すごいね！　人気だね」と賞賛していたそうですが、彼女には1つ誤算がありました。

バイトリーダーは視力が2・0以上あり、ユニット名や曲名もすべて見えてしまっていたのです。そして再度大きな画面で確認すると、まったくの別人でびっくりしたということでした。

彼女が、私だ！　と言い張るアイドルはアイドルオタなら誰もが知る有名ユニットのセンターで大手事務所所属の子でした。そしてその本物の子がブログで撮影やレコーディングと書いている日に彼女はバイトを休んでいました。ブログに書いてあるエピソードをあたかも自分の話のように語っていたのです。

バイト仲間で話し合って「最初は虚言が面白くていろいろ探っていたけど、ちょっと気の毒だね。アイドルになりたいけどなれない自分の現状を受け入れることができなくて、本気でまったくの別人を自分だと思い込んじゃっているんだよ。ある意味可哀想だ」ということになり、私達は詮索することを止めました。

ところが数日後、私は彼女と居酒屋で大バトルを繰り広げてしまうのです（爆）。その日はバイトが休みで、バイト先のみんなで飲んでいました。そこに彼女が現れこう言ったのです。

「今日ライブなんですが、さぼって飲み会にきましたぁ！」

大丈夫なの？　とみんなが心配する中、彼女は続けて話します。

「ユニットには私の身代わりがいて、私はこのバイトをすごく大切にしているし、私が出られないときは身代わりが出るから大丈夫なんです！　そういう契約なんです！」

カッチーーーーン。そこからの私は周りが驚くほどの早口でまくしたてました。

彼女の虚言についてはどうでもよかったです。ただ、芸能の仕事をなめすぎです。１つの仕事を断れば次はオファーがないかもしれない、一度休んだり、いい仕事ができなかったらもう呼ばれないかもしれない。そんなギリギリの環境でみんながんばって活動をしているんです。彼女が言うような〝身代わり〟なんかじゃなく、本当に〝代わり〟なんていくらでもいる世界なんです。

がんばって活動をしているアイドルたちがバカにされた気がして私は我慢することができませんでした。

ハッと気付いたときには、彼女は小さく震えながら俯いていました。バイト仲間たちは

「吉沢言いすぎだよ」と私を落ち着かせようとしましたが、どうしても気が収まりませんでした。彼女は飲み会に参加せず、その場から立ち去りました。

これで虚言癖が治ったかと思いきや、その後も彼女はいろいろなウソをついていました。だんだん周りも相手にしなくなり、彼女はバイトを辞め、キャバ嬢になっていました。お店のブログには「本業のアイドルユニットのライブで歌うより、お店で歌うほうが緊張です」と綴っていました。なんだか胸が苦しくなりました。

アイドルになりたい子は増える一方で、ファンよりもアイドルのほうが多いとまで言われる状況です。自称アイドルや自称タレントは意外に身近にたくさんいるのかもしれません。

ブローカーをやっているアイドル

最近、数人のマネージャーさんからとあるアイドルの名前を聞きました。そのアイドルはとんでもない仕事をしているから気をつけろというのです。私は彼女と面識はありませんが、気になってその場でググったところ、可愛い！　こんな子がどんな仕事をしているのか聞いてみると、想像を超える〝裏営業〟の話でした。

なんでも、彼女は〝グラドルをお金持ちのおじさまに紹介するブローカー〟として有名で、いろいろな事務所のマネージャーが自社タレントと彼女が接触しないように注意しているらしいのです。

プロデューサーや、ディレクターなどのゆくゆくは仕事につながる可能性がある人に紹介するのではなく、紹介者はお金持ちのおじさま限定。もちろん、身体の関係は必須で、グラドルに払うお金は毎月2桁。ブローカーの女の子はそこから数万円の紹介料を引き、紹介料でかなり儲けているらしいのです。

芸能活動だけでは食べていけず、かといってそこまで融通が利くバイトを見つけることもできないグラドルが多い中、口が堅くなおかつ2桁払ってくれるおじさまを紹介してくれる彼女は重宝されているらしいのです。

あるマネージャーさんは「うちのタレントが枕営業や売春まがいのことをしていると思われたくない」と言い、ブローカー疑惑の子やよく絡んでいる子とは一緒の仕事を入れたくないと話していました。また、あるプロデューサーさんも、「あの子も、あの子の周りも使わない。なんか怖いよ」と言っていました。

私はその子と面識がないので、本当かどうかわかりませんが、何人もが似たような話をしているので、〝なきにしもあらず〟だと思います。しかし、悲しい話ですね。もし、根も葉もない話ならば彼女に対する営業妨害ですし、彼女が本当に愛人の斡旋をしているのならば、違う方向に頭を使うべきだと思います。

中絶費用を騙し取るグラドル

信じられないようなグラドルを紹介してきましたが、中でも一番ビックリしたのが〝中絶費用を騙しとって裕福な生活をする〟グラドルです。この話を聞いたときはついにここまで来たか……!!　と思いました。

そのグラドルの手口はこうです。

片っ端からファンとつながって、イケメンだったら付き合って、イケメンじゃなくてもSEXして（爆）、関係を持ったすべてのメンズに「妊娠しちゃったんだけど、グラドル辞めたくないから産めない。お金出してもらえるかな？」と話し、全員からニセの中絶費用をいただく……。

いやいやいや、もうグラドルとか関係なく完全な詐欺ですよね。キャバ嬢が誕生日にお客さん全員に同じプレゼントをおねだりして、1つ以外は全部売っちゃうみたいな感じ？

いや、それよりも中絶なんてキーワードを出すものだから、だいぶエグいです。

妊娠したなんて言われたら、関係を持ったことがある男性ならば中絶費用を出すことに応じてしまいますよね。ましてやもともとアイドルとして推していたわけですから。その後はもちろん関係が気まずくなり別れる方向に持っていくわけで、男性のほうとしては子どもを堕ろしてしまったという心の傷が残るのです。

なぜ、このことが判明したかというと、ファンの1人がポロッと他のファンに話してしまったところ、「俺も！」「俺も！」「俺も！」となり、ただのファン仲間ではなく穴兄弟だということがわかったのでした（白目）。

この話は一部ではかなり有名で、マネージャー界隈でも彼女を要注意人物とみなしている人が多いです。私は初めてこの話を聞いたときに〝まさかぁ～〟と思いましたが、彼女の名前を出さずに探りを入れると、いろいろなところから彼女の名前が出てきて、〝マジだったんだ〟と二度驚きました。

周囲の人や一部のオタクからは腫れ物のように扱われている彼女ですが、本人は「儲かった～」と飄々としているそうです。

この話のなにが一番すごいかというと、彼女はこの事実が判明した後も平然と芸能活動を続け、大多数のファンが彼女を推し続けていることです！　一体、どんな心境なんでしょうか？　それほどの魅力が彼女にあるのか？　それともあわよくば自分もと思っているのか……。

なんにせよ、彼女がメジャーなグラドルになったら週刊誌が放っておかないことでしょう。そのときは私に取材に来てください。ぶっちゃけ話をお聞かせします！

おわりに

「終わってしまった……」

これが正直な今の感想です。毎週やってくる原稿の締め切り、新人ライターにはきつかったけど、ひたすら充実していました。だからなくなるのが寂しい。

グラビアアイドルのぶっちゃけ話というタイトルに相応しいように、最後に私の最大のぶっちゃけトークをと考えていたのですが……、もうないんです（笑）。

私のガチのスリーサイズ？　私のガチの体重？

私の元彼の名前？　私の住所？

どれも知りたくない情報ですよね。

実は3回目の復帰直前の私は引きこもりでした。仕事もプライベートも何もかもうまくいっていませんでした。次第に人に会うのが怖くなりバイトに行けず、友達から連絡が来ても返せなくなりました。精神科に通って、薬をたくさん飲んでいました。真っ暗な部屋で毎日お酒飲んでは泣いていました。

唯一の外界との関わりが、撮影とか、オーディションでした。正直この3度目となる芸能活動は趣味程度にしか考えていませんでした。本編にもあるように、現場を飛ばすことは絶対にしてはいけないとわかっていたので、迷惑がかかるから仕方なく行っているという感じでした。どうせ、こんな私に仕事なんてくるはずがないんだから、と。

だけど、次第に気持ちが変わっていったのです。撮影会やチャットでファンのみんなに久々に会ったら「さりぃちゃん待ってたよ！」って言ってもらえる自分の居場所がある。引きこもってる場合じゃないなって段々思い直せました。

他に可愛い子や魅力的な子がたくさんいるのに、「さりぃちゃんにぜひ出演してほしいです！」と、私にオファーをくれる人がいて、次第に仕事が増えていきました。撮影の度に新しい水着を探したり、オーディションで言うセリフを考えたり、スケジュールが埋まっていく度にどんどん充実していきました。仕事が楽しくてたまらなくなり、気がついたら私は立ち直っていたのです。

本書に載っている原稿の一部はインターネット上のデイリーニュースオンラインさんや、日刊サイゾーさんで書かせていただいたものですが、〝現役グラドル〟が書く〝ぶっちゃけ話〟として、良くも悪くも反響がありました。

文章の怖さを知らずにファンの方を傷つけてしまったり、「私のネタを勝手に書くな！」と同業者にイチャモンをつけられたり、文章を書き続けていいのかわからなくなった時期もありました。しかし、どうしても私の経験を形に残したかったのです。私のいい経験も悪い経験もネタにすることでまったくグラドルに興味がない人にも目を留めてもらえたら、大好きなグラビア業界が盛り上がっていくきっかけにもなるんじゃないか？　とおこがましくも考えるようになりました。試行錯誤をしながら文章を書き続け、「いつか本を出したい」と思うようになりました。


グラビアアイドルは確かに薄給だし、売れるかどうかなんてわからないし、常に枕営業やセクハラと隣り合わせだし、性格の悪い子がいたりいじめもあったり、本当に大変な仕事です。だけど、すごくやりがいのある仕事です。私はこの仕事がなければ、今も部屋に引きこもって泣いていたかもしれない。自分が必要ないと思い込んでいたかもしれない。

「さりぃちゃんはグラドルになってよかった？」

何度も聞かれたセリフ。私は迷わず首を縦に振ります。私はグラドルになれて本当によかった。こんなに刺激があって、こんなにやりがいのある仕事に出会えたことは奇跡です。グラビアアイドルという仕事を通してさまざまな経験ができたおかげで文章を書く仕事にも携わることができました。可愛くないから勉強しなさいと親に洗脳されていた昔の自分にもこんないい未来があるからね！　と教えてあげたい。

最後になりますが、私がトリッキーなことをしてもずっと支えてくれているファンの皆様（通称：さりぃず）、こんな私にずっと仕事をくれるクライアント様、辛いときはいつも一緒にいてくれた親友達。「ネタにしていいよ〜！」と笑っていろいろ話してくれたグラドル仲間。彩図社の担当の本井さん、紹介してくれた海坊主さん。みんなが私を肯定し続けてくれたから、「文章を書きたい。本を出したい」という夢が現実になりました。ありがとうございました。

次の夢は『グラビアアイドルのぶっちゃけ話2』を出すこと！　というわけでまだまだお仕事お待ちしてます！

乳首出す以外は何でもやるよ！（笑）

２０１６年11月　吉沢さりぃ

著者紹介
吉沢さりぃ
1985.5.24生まれ、31歳。山梨県出身。双子座A型。バスト107cmのKカップを武器に活動する三十路グラドル。
趣味は、キックボクシング・飲酒・少女漫画研究・箱根駅伝研究で、特技はお酒の一気飲み。タレント事務所にてマネージャーをしていた経験もあり、芸能の表も裏も知り尽くしている。
ミスFLASH2016ファイナリスト。

現役底辺グラドルが暴露する
グラビアアイドルのぶっちゃけ話

平成28年12月5日　第1刷

著　者　吉沢さりぃ
発行人　山田有司
発行所　株式会社　彩図社《さいずしゃ》

〒170-0005 東京都豊島区南大塚3-24-4 MTビル
TEL:03-5985-8213
FAX:03-5985-8224

印刷所　新灯印刷株式会社

URL：http://www.saiz.co.jp
Twitter：https://twitter.com/saiz_sha

 ISBN978-4-8013-0191-7 C0195